Il Mondo d'opera da Wolf=Ferrari
Analisi delle opere

ヴォルフ=フェラーリ オペラの世界

オペラ作品分析

目次

凡例・・・・・・4
はじめに・・・・5

第一章　ヴォルフ＝フェラーリの素顔とその人生
エルマンノ・ヴォルフ＝フェラーリの生涯

1、サン・バルナーバ・・・・・・・・・・・7
2、ローマ・・・・・・・・・・・・・・・・8
3、ミュンヘン・ホロジー美術学校・・・・・11
4、ミュンヘン音楽アカデミー・・・・・・・14
5、ヴェルディとの出会い・・・・・・・・・17
6、ミラノ再び・・・・・・・・・・・・・・21
7、≪チェネレントラ≫・・・・・・・・・・25
8、亡命・・・・・・・・・・・・・・・・・29
9、ヴェネツィア再び・・・・・・・・・・・33
10、ゴルドーニとの出会い・・・・・・・・・34
11、マリピエーロとの出会い・・・・・・・・36
12、≪スザンナの秘密≫の大成功・・・・・・38
13、イタリアで認められる・・・・・・・・・39
14、第1次世界大戦・・・・・・・・・・・・40
15、≪スライ≫の功績・・・・・・・・・・・42
16、ゴルドーニ作品をもう一度・・・・・・・43
17、終幕・・・・・・・・・・・・・・・・・45

第二章　エルマンノ・ヴォルフ＝フェラーリの作品
主なオペラ作品について

1、≪好奇心の強い女たち≫・・・・・・・・48
2、≪4人の田舎者≫・・・・・・・・・・・55
3、≪イドメネオ≫改訂版・・・・・・・・・58
4、≪その他オペラ作品についての概要≫・・・・・64

第三章　オペラ作品分析
《スザンナの秘密》の成り立ちと音楽分析

1、作品の背景と構成について・・・・・・・・・ 77
2、インテルメッツォとその成り立ち・・・・・・ 82
3、幕間劇の定義・・・・・・・・・・・・・・ 83
4、着想までの影響作品とその経緯・・・・・・・ 85
5、物語の舞台ピエモンテ州について・・・・・・ 86
6、台本とその言葉にある音楽・・・・・・・・ 88
7、エンリコ・ゴリシャーニ・・・・・・・・・ 90
8、演奏形態の比較・・・・・・・・・・・・・ 93
9、スコアに記載された練習番号について・・・・ 95
10、《スザンナの秘密》音楽分析と 10 の項目・・ 97
　　1）前奏曲・・・・・・・・・・　97
　　2）ジルのモノローグ・・・・・　99
　　3）ジルの困惑・・・・・・・・　101
　　4）愛の思い出・・・・・・・・　103
　　5）ジルの疑念・・・・・・・・　106
　　6）間奏曲・・・・・・・・・・　111
　　7）スザンナの秘密・・・・・・　113
　　8）ジルの嫉妬・・・・・・・・　116
　　9）煙の歌・・・・・・・・・・　120
　　10）和解・・・・・・・・・・・　123

第四章　《スザンナの秘密》の記録
イタリアにおける公演記録とその配役の傾向・・・ 133

参考文献・・・・148
おわりに・・・・149

付録　《スザンナの秘密》対訳・解説

凡例

" "	引用符	欧文の引用・句
《 》	二重山括弧	作曲作品名
『 』	二重鉤括弧	作品名
＜＞	山括弧	資料引用
(a)	カッコ内小文字英数字	ト書きのある箇所
[ ]	ブラケット	ト書き
( )	丸括弧	補足的な説明
「 」	かぎ括弧	和文引用文
＊	米印	オリジナル版台本にある台詞
#	シャープ印	オリジナル台本にはない台詞

はじめに

　エルマンノ・ヴォルフ＝フェラーリ（1876-1948）は、激動の時代を生きた作曲家である。本文はドイツ人とイタリア人の子として、両国の芸術文化を学び、オペラという舞台と音楽の総合芸術の未来を見つめ、その生涯を生き抜くありさまを、多くの取材と資料、研究者を訪ねて簡潔にまとめ、多くの方の目に留まればと願うものである。

　本文は彼の作曲したオペラ作品の中から《スザンナの秘密》を中心に取り上げ、他の作品にも触れながら、ヴォルフ＝フェラーリのオペラ作品に関する特徴を紹介する。しかしながら現代では彼の作曲したオペラ全てが、よく上演されているかというとそうではない。主に《好奇心の強い女たち》《4人の田舎者》《スザンナの秘密》、そして最近上演され始めている《イル・カンピエッロ》など、少しずつ作品に触れる機会も増えてきたというものの、その作品の魅力に迫るには明らかに知名度が低いと言えよう。また各作品の研究もあまりされていなく、ヴォルフ＝フェラーリ・ファンにとっては、作品の詳細を知ることも大変困難である。その中で研究者として唯一国内でいち早くヴォルフ＝フェラーリ作品を国内の公演、初演を支えてきた永竹由幸氏の業績は、多大な貢献であろう。

　ヴォルフ＝フェラーリの故郷イタリアではミラノ、ローマ、ヴェネツィアで主に作品の上演や研究がされているが、ドイツと比べるとその研究は浅く、関連した書物が多数保管されているミュンヘンがヴォルフ＝フェラーリ研究において重要な都市だとされている。彼自身がヴェルディの後を継ぐような、イタリアの伝統を踏まえたオペラ作曲家でありながら、暗い世界事情に阻まれ活動を休止せざるを得なかったことが、どのような影響を及ぼしたのだろうか。きっと現在衰退を辿る伝統的なイタリア・オペラの未来に重要な軌跡を残しているのではないだろうか。

　私は2010年より主にミラノ、ヴェネツィアを訪れて、音楽専門書店、古本屋、図書館、劇場を訪ね、直に取材・調査を続け、研究してきた。店主や図書館司書、劇場関係者もあまり彼について認識がない状況であり、現地調査も困難であったが、幸運だったのはミラノにあるソンツォーニョ音楽出版社を訪れた時ソンツォーニョ出版社の年鑑など様々な重要資料を手に入れることができたことや、ヴァインベルガ

一音楽出版社にしか存在していない《スザンナの秘密》のスコアをソンツォーニョ音楽出版社秘書の紹介でヴァンベルガー出版社のシャウナ・ホワイト（shauna White）氏から借りることが出来たことである。また、ヨーロッパで出版されているヴォルフ＝フェラーリに関する古い書物もミラノ音楽院、ボローニャ音楽院また、ヴェネツィア国立図書館において閲覧でき、改めてヨーロッパの楽譜や書物が、今後の芸術文化構築に重要であると感じた。

　本文は第1章でその生涯を詳しくまとめ、第2章は主要なオペラ作品について、第3章は《スザンナの秘密》についての分析、第4章はイタリアにおける《スザンナの秘密》上演記録と配役の傾向について、巻末付録として《スザンナの秘密》の対訳・解説を載せた。ヴォルフ＝フェラーリの魅力が少しでも伝われば幸いと願うものである。

岡元敦司

<エルンスト・レオポルド・シュタール作　エルマンノ・ヴォルフ＝フェラーリより>

第一章　ヴォルフ＝フェラーリの素顔とその人生

エルマンノ・ヴォルフ＝フェラーリの生涯　1－1
サン・バルナーバ

　ドイツ人画家であったエルマンノの父アウグスト・オイゲン・ヴォルフ（Augusto Eugen Wolf 1842-1915）は派手な生活を好まず、宗教を大切にし、健全で、良い性格の持ち主であった。アウグストは音楽家であった母ルイーゼ・アイヒホルン（Luise Eichhorn1803-1882）の影響を受け芸術を愛し、美術を愛し、自身の仕事に誇りを持っていた。アウグストはイタリア・ルネッサンス期絵画の収集家で詩人でもあったシャック伯爵（Adolf Friedrich Von Schack1836-1904）からヴェネツィアにある歴史的絵画の模写を依頼され[1]、ヴェネツィアに移住を決意、この地に永住することを誓い、家を買った。そして美しいヴェネツィア娘、エミーリア・ルイジーア・フェラーリ（Emilia Luigia Ferrari1849-1938）と出会い、結婚をする。[2]彼女は彼の純粋な芸術に対する気持ちを一層明るくしてくれ、好奇心に満ちた前向きな性格の持ち主、そして故郷ヴェネツィアを誇りに思っていた。この揺れ動くヨーロッパ事情の中ドイツ人のアウグストとイタリア人のエミーリアは優しく思いやりにあふれた恋を育んだ。

　二人の第一子エルマンノ（Ermanno Wolf）は、1876年1月12日サン・バルナーバ広場近くのスクエーロ舟着場にある家で生を受けた。3歳でヴィットーリオ・ダ・フェルトレ幼稚園に入り、そこで声楽教師をしていたマリピエーロに初めて音楽を教わった。そこでアウグストはその幼い才能を見抜き、ドイツに住む祖母のルイーゼのところへエルマンノを連れて行った。3歳のエルマンノは祖母の伴奏で完璧に歌い、その音感の良さを見せ、その才能に皆を驚かせた。その後もアウグストはト

---

[1] アウグストはシャック伯爵から援助を受けながら42の大型模写、500近い絵画の模写をした。その作品の多くはシャック財団の美術館が所有し、現在はミュンヘンのノイエ・ピナコテークに保管されている。
[2] 彼女の祖先はヴェネツィア共和国最後の公認秘書官で、家柄が良く、後にエルマンノの作曲活動に大きな資金援助をしていた。

く音楽会へ連れて行った、ある時サンマルコ広場での音楽会を聴きに行ったとき、幼いエルマンノが金管楽器の音よりも木管楽器の音を好むなど、音へのこだわりを示したことから、アウグストはついにピアノを買い与え、レオナルド・ブルーザ（Leonardo Brusa）[3]のもとへ通わせた。そうしてエルマンノは見違えるように楽譜を読み始め、7歳の頃には作曲に興味を持ち、有名な曲を複写したり書き直したりしながら作曲を学んでいった。その勉強ぶりは、まるで絵画を描くようにゆっくり慎重で正確に譜面を作成し、空白の寸法にも余念が無かった。1887年11歳になったエルマンノはバッハの≪半音階的幻想フーガ≫[4]を見初で弾けるようになっていた。そうしてエルマンノは専門的メソッドを持たないまま音楽に合わせて指が動き、心も伴い表現すること、感動させることといった音楽家に必要な技術をすでに身につけていた。

　12歳になってエルマンノは父親に初めてオペラ鑑賞に連れて行ってもらった。演目はロッシーニ劇場[5]で行われた≪セヴィリアの理髪師≫であった。1年後にはバイロイトにて≪トリスタンとイゾルテ≫≪マイスターシンガー≫≪パルシファル≫を小さな頭に全て詰め込んだ。少年は朝から夜までワグナーの世界に没頭しピアノを弾き続けた。ワグナーと親交があった祖母と、この偉大な作曲家について熱く語り合い影響を受け、ついにはバイロイトにて少年らを集めて2本のピッコロ、ヴァイオリン、チェロ、トランペットとピアノの作曲をし、祖母の元で発表した。バイロイトのオーケストラボックスのようにカーテンで覆って演奏者が見えない状態で発表したものの、終演後カーテンを開けると客はみな昼食に出かけていた。こうした経験こそが、この少年の人生を左右することになるとはアウグストも考えていなかった。

エルマンノ・ヴォルフ＝フェラーリの生涯　1－2
ローマ

　アウグストはエルマンノの持つデッサン能力について高く評価していた。エルマンノの作品を見てこの程度の能力があれば自分のように絵描きとして生計を立て、贅沢な暮らしができると信じていた。アウグストは、音楽は健康を害するもので、

---

[3] ブルーザは音楽教師とは言えないが、優秀な写真家だった、近所に住み初歩的な音楽の指導を施した。
[4] 1887年アウグストの開いたコンサートでエルマンノは≪Chromatische Phantasie und Fuge BWV.903≫初見で弾いている。その後も700年代から800年代の様々な曲を専門的な教育を受けないままほぼ独学で学んだ。
[5] 現在のサンベネデット劇場、ロッシーニの≪アルジェのイタリア女≫を1813年に初演している。

暗い感じのする、稼ぎの悪い仕事だと決め付けていたので、父親として息子の生活安定を考えて、将来は画家として生計を立ててもらいたいと切実に思っていたのである。

そしてエルマンノは父親の勧めるままブルーザ先生と同じような環境下にある、同じ建物に住む画家スクアルチーナ・ディ・スパラート（Squarcina di Spalato）に師事する。スクアルチーナは一人暮らしの老人で、無口でほとんど目の見えない沈思黙考で不思議な雰囲気を持つ男であった。彼の作品はほとんど考えられないほど大きな額に書くものばかりで、それらを無造作に部屋いっぱい立てかけ、それらの作品の中に埋もれながら数名の生徒に絵画のプロセスについて指導していた。だが美術家として作品を作るに当たって非常に哲学を重んじる画家であったため生徒たちもその影響を受けやすかったのである。またその影響を受けたエルマンノは１５歳のときに２つのエッセイを書いた。ひとつは『死に直面した人間の存在意義について』"Morte, dimostrando che non esiste" もうひとつは『最終的自然界のたどり着く道に物質は存在するか』"Natura,giungendo alla conclusion che non esiste neppure la material"である。

アウグストは 1891 年に息子の書いたそれらのエッセイを見て、エルマンノに与えたショックを想像し、大変心配した。アウグストは息子の精神的治療のために思い切ってローマにあるベッレアルテ美術学校(Accademia di Belle Arti)[6]に入学させることにした。ここでのエルマンノは異性への憧れと、美意識の変貌を知る重要な経験をすることになる。ちょうどこれから思春期を迎える青年にとって溢れるばかりの想像と空想が生まれ、エルマンノにとって人格形成や作風に多大な影響を与えたと考えられている。それはヌードの女性を描くデッサンの授業や裸の彫刻、まさに未知の世界とも言える美術学校で蔓延するする美、それらの教育現場で裸の女性たちが彼のまだ知りえない激しい欲求を揺さぶる、そして始めて親元を離れて住む受け入れ先の家には美しい活発な女の子がいて、彼の想像力をさらにかきたてた。それに加えて目の前のアパートには別の家族も住んでおり、なんと５人の親切な女の子が住んでいた。つまりこの時のエルマンノには耐え難い誘惑と妄想を書き立てる要因がいたるところにあったのだ。

エルマンノはローマに大変興味を抱いた、魅力的な町で時間のある限りゲーテのようにデッサン帳を持って散歩をして、気に入った場所があるとデッサンを描き、ゆっくりとした時間の流れを楽しんだ。特にルネサンス様式やバロック様式の建造物には、驚くほどの愛着を持ち、音楽と対照しながら建造物の形と真髄を観察した。

---

[6] 1840 年から続く美術学校、元々はサン・ルーカ学士院として 16 世紀初頭に設立、馬蹄形の学校は現在も開校している。

そこでエルマンノはいつも円形劇場で当時の模様を想像した。丘の上にある劇場、ギリシャ風の建造物に役者がそろい、楽器の演奏家も観客も全て白いギリシャ風の着物を着てダンヌンツィオ風[7]の演奏会を行っている、そんな模様に憧れを持ちながら常に想像していた。

　その間もエルマンノは美術学校に通いつづけて勉学に励んだ、その傍ら音楽活動も忘れることができずにエットーレ・ピネッリオーケストラ(Orchestra di Ettore Pinelli)やズガンバーティ5重奏団に入団した。練習日には必ず通い詰めて音楽に触れ、さらには作曲までした。そして音楽的情熱はまた高まり、欲求も増え、そこでもさまざまな技術を得た。

　あるとき美術学校の授業中にスイスの画家の卵バウマン（Baumann）の落としたペンがエルマンノの下まで転がってきた。そしてこのことがきっかけで二人は友人関係を築き始めた。バウマンは大変才能のある画家でお金にも不自由していなかった。同じ芸術を志す友人としてエルマンノはたくさんのことを彼と話した。だがこの運命的な出会いがエルマンノを、徐々に神経をすり減らす事件へ巻き込んでいくことになる。バウマンは自分の友人でローマの政府留学生給付金を受け、才学のある青年として評判の良いライプツィヒのオットー・グライナー（Otto Greiner）という青年をエルマンノに紹介してくれ、さっそく彼と知り合うことになる。そして彼のいとこであるマチルデ・シュバルツェンバッハ（Matilde Schwarzenbach）という女性を紹介される。教養のある女性で深く音楽を愛していた。美術学校では友人たちが勉学に励む間、エルマンノはこの興味深い女性に出会い、勉学がおろそかになっていった。画家を志すための道を達成するために大変なピンチに遭遇した。マチルデは彼を頻繁に家に招き入れ、音楽を奏でてもらい、彼の持つ表現力や稀にしか見ない才能をうらやましく思った。ある日バウマンの家でマチルデのためにピアノを弾き、夢中になりすぎて時間が過ぎ、気がついたら夜中の0時を告げていたことがあった、とっくに下宿先の門限は過ぎていた。その日はしっかりマチルデをホテルまで送り届け、夜中の2時までバウマンと音楽に酔い知れ、力尽きた。もう下宿まで帰る気力がなかった。美しい女性に囲まれながらピアノ演奏をし、お金持ちの両親からたくさんの報酬をもらう夢にかき乱されてしまったのだ。そしてバウマンの家に4つの椅子を並べて重い毛布を敷き眠った。初めての無断外泊をしてしまったのである。

　次の日、ちょうど朝食の終わった頃に下宿に戻った。エルマンノの朝帰りはすでに有名になっており、すれ違った前のアパートの親切な5人の娘たちからも冷たくあしらわれてしまった。そしてその代償として下宿の主人はこれ以上面倒みきれな

---

[7] Gabriele D'Annunzio（1863-1938）イタリアの詩人、作家、劇作家、イタリアファシズムの先駆者

いと書いた手紙を実家に送ったのだった。数日後の早朝、父親アウグストが学校までやってきていた。「Il padrone di casa aveva sentito il sacrosanto dovere d'informare il signor Augusto Wolf che suo figlio Ermanno, da quale tempo, menava vita da scioperato」（下宿の主人としてしてはいけないことをしてしまった事をアウグスト・ヴォルフさんへ伝えなくてはいけません、あなたのご息子エルマンノ君はいつからか怠け者の人生を送ろうとしています）と下宿の主人の書いた手紙を持っていた。もう何も隠すことはできない。学校には正式に入学して、とても優遇してもらっていたのに・・本当に悪いことは家の中でも外でもしたことがないのに・・マチルデとははっきりと問題解決をしていて、もうあの頃の子供じみた自分ではないのに・・・エルマンノは後悔していた。バウマンがすべて証明することができる・・・オットーグライナーもエルマンノの絵の才能を認めてくれ、音楽をやめることに賛成してくれていたのだから、皆で父に会って説明をしてもらおうと考えたが、アウグストはもうすでにエルマンノのミュンヘン行きを決めていた。1892 年アウグストは無言のままエルマンノと電車に乗った。贅沢な建造物、魅惑的な女性、ここでのエルマンノの思春期はわずか一年で終わる。

エルマンノ・ヴォルフ＝フェラーリの生涯　1－3
ミュンヘン・ホロジー美術学校

　1892 年の春、エルマンノはミュンヘンへ移り住むことになる。アウグストは丁度よい部屋とピアノまで借りてくれ、さらには近くの音楽資料専門の図書館の会員費用まで払ってくれた。つまりアウグストはエルマンノの音楽への才能を否定せずにむしろその可能性をつぶさないように配慮してくれたのだ。アウグスト自身も幼い頃から母やいとこの影響を多大に受けて音楽を愛していたのだが、兄弟の多い彼にとって末っ子の自分にまで費用のかかる音楽の道へ進むわけにはいかなかったのである。結局画家として生計を立てることになったのだが、当時は肖像画なども依頼する貴族もまだ多かったので結構仕事が多く、割と良い暮らしが出来ていたのである。自分自身が選んだ画家という道が成功している以上、音楽の世界で彼が息子の手助けをするというよりも、息子が画家を選んでくれたほうが自分の周りの仕事先も紹介できるし、安心だったのだろう。ましてエルマンノは画家としての才能も持ち合わせていたのだからなおさらだった。

そしてエルマンノはミュンヘン・ホロジー美術学校[8]に入学し、知らない町で、知らない人に囲まれ孤独になったところで、やっと彼の本当の人生が始まる。つまり誠実に勉学に励む環境を得たのだ。画家としてデザインを中心に再び学び始め、ホロジー美術学校では着実に勉強をすることができたが、一方では表現の欲求を抑えられないように音楽の勉強にも励んだのだ。毎日毎日無駄な時間なく芸術に浸った。彼はこの2つの芸術は必ず深いところで結びついており、表現方法や結果の違いだけで、一つ一つ丁寧に摘み取ってゆけば片方の悩みも、もう片方の経験で解決してゆき、双方が助け合って表現していけば芸術として最高の作品に近づけるのだという哲学を持っていた。

ホロジー美術学校での授業は順調に進みながら、家では借りたピアノが休むことなく鳴り響き続けた。図書館で借りた楽譜を次から次へと熱心に見入り、読譜力も優れ、指も難なく回るようになっていった。その頃にはモーツァルト、ハイドン、ベートーヴェン、バッハ、ワグナーに愛着を持ちながら譜読みに取り組んでいた。今日はこの作曲家を、明日はこの作曲家を、というように喜びを持って楽譜を解読し、ピアノを弾いていたのだが、ワグナーだけはなかなかの難問だったようである。

子どもの頃に見たあのバイロイト音楽祭から常にエルマンノにとって悩ましい作品であり続けた。ある日、舞台が丁度見えにくい立ち見席で《ジークフリート》"Siegfried"の2幕初めを聞いていたとき、ついにこの拷問に我慢ができなくなりワグナーの楽譜を聞けなくなったことがあった。言いようのない険悪感、長時間の公演に耐えられなくなった。しかし《ジークフリート牧歌》[9]が心と耳に温かく届いたときに、なぜかほっとして、突然熱烈にワグナーを愛してしまったのだ。

ドイツに住んでいた年少のときから音楽を愛してきたが、いまや音楽は彼にとってなくてはならない表現の手段として確立されていた。もはや音楽家になることに導かれているように、エルマンノの純朴な目の光は輝き、音楽に没頭した。彼はまたジョバンニ・セバスティアーノ・バッハを崇拝した。チェンバロの教則本を取り出し、鍵盤の奏でる純粋な詩、ホ長調、プレリュード、のどから締め付けられるような絆、長い涙が一筋の線を作りながら流れる・・。エルマンノは偉大な作曲家たちの作品に改めて感動していた。

---

[8] Hollosy Simon(1857-1918)ハンガリーの画家, 教育者。1886年にホロジー美術学校"Hollosy"を設立。

[9] 《ジークフリート牧歌》は1869年息子ジークフリートが生まれ、妻コジマに捧げた。1870年に非公開で初演され、しばらくはコジマのもとにあったが、この交響詩は1878年に出版され、1876年初演の楽劇《ジークフリート》に共通素材が使われていることがわかった。

エルマンノの人生においてまたひとつ奇跡が起こった。音楽を奏でることで彼は幸せだったのだ、まだいくつかの問題はあるが、運命の呼びかけに応えることができていた。彼は音楽に夢中になり、とうとう１ヶ月外にも出ないで部屋に閉じこもった、ホロジー美術学校の画家仲間や友人にも会うことを嫌った。それはあのローマで美しいモデルの誘惑に打ち勝つことができなかった事への恐怖と、また新たな誘惑が自分をだめにしてしまうのではないかと思ったからだ。まだ７月ごろだったのでほとんど裸の状態でピアノに熱中してトラットリアからパスタを運んでもらいながらとにかく弾き続けた。彼はこの衝動的な気持ちに溢れ、１ヶ月心身ともに落ち着かない日々が続いたのである。次第にネガティヴな気持ちも覚めてゆき、精神的、肉体的に攻めた日々も疲れを感じ、終わりに近づいていた。１度友人のバウマンがミュンヘンへ戻ってきたとき、自らの気持ちを相談した。きっと音楽を同じように愛するバウマンには分かってもらえると思ったのだ。そして思い切って父アウグストに自分の音楽への情熱を綴った手紙をバウマンに持たせたのだ。その手紙を見たアウグストは息子がそこまで嘆き苦しんでいたかと思うと、納得せざる得なく了解をした。「私はお前が裕福な画家になり、まさか不健康な音楽家などになるとは思ってもいなかった、たった１リラの報酬のために階段を上り下りして駆け巡りレッスンを行うなど考えてもいなかった、でもそれこそがお前の意思なのだ」"Sognavo che tu diventassi un pittore ricco e non un musicista pallid, destinato a salire e scendere le altrui scale per dar lezioni ad una lira. Sia fatta la tua volontà" と手紙を書いている。アウグストは音楽家のことをモーツァルト作曲の《フィガロの結婚》"Le Nozze di Figaro"に出てくるドン・バジリオのように思っていたのだろう。

　エルマンノはローマで出会い、思春期をささげた女性マチルデ・シュバルツェンバッハ(Matilde Schwarzenbach)との交流も続けていた。彼女はスイス・チューリッヒの湖のほとりに住んでいた。彼にとって入ってはいけない領域であったはずなのに、思い切って数日間滞在することにした。そして父だけの援助では心配だったのか、彼女にピアノを聞いてもらい、自ら音楽家になるための意思を説明した。愛すべき女性マチルデは自ら喜んで彼の要求に同意した。彼の音楽にじっと耳を傾け、納得し、応援したくなり、当面の生活費と学費の面倒を見ることにしたのだ。そしてマチルデ、〜ヘルヴェティアの住人(スイスの西部北部の住人)・からの温かい援助もあって音楽家を志す決意をしたエルマンノはミュンヘンにある音楽アカデミーにて基礎から学ぶ決心をした。手はずの整ったエルマンノは猛烈に受験勉強に励んだ。新しく学ばなくてはいけないことも含めて一つ一つ丹念に準備していった。全て独学でこれまで勉強してきた偉大な作曲家たちの書いた楽譜から全ての回答を求

めた。その結果、同年ミュンヘン音楽アカデミー（Accademia di Musica, in Monaco）[10]に入学することになる。

エルマンノ・ヴォルフ＝フェラーリの生涯　1-4
ミュンヘン音楽アカデミー

　エルマンノは試験における全ての情報を手に入れ、独学で対位法を習得した。そして和声や新曲視唱の試験も受け、ついにはラインベルガー（Giuseppe Rheinberger[11]）先生のクラスに入ることに成功した。ジュゼッペ・ラインベルガー先生はアカデミーの中でも名誉ある先生で、生徒からも人気のある人であった。宮廷楽師長、合唱協会常任指揮者、交響曲の作曲やメンデルスゾーン派に近い古典派からロマン派のスタイルの劇文学の権威、あらゆる名声を物にしていた。誰にも教わらずに独学で音楽を学んだエルマンノにとって、ラインベルガー先生は情熱の方向性が正反対のように見えた、音楽の経験はあるが、学説を分けて考えるには難しかった。初めての門下の勉強会では３０人の門下生の中でエルマンノは一番若く、ほとんどはラインベルガー先生のディプロマをとって、教会のオルガニストや町の楽師長の地位に就くために必死だった。ラインベルガー先生の教えは実践的、かつ具体的であった。例えばひとつのメロディに４つの空白の段を置き、それも楽器のための伴奏ではなく歌のための伴奏を黒板に書きだす授業で、甘えは禁物、気まぐれで、大げさで細かいことにこだわらない主義であった。門下生もそれぞれ目的を持ち、先生の意思を受け継いでいた。しかしエルマンノはラインベルガーとのレッスンに上手についてゆけなく、常に対立してしまった。案の定その年の弦楽器の最終試験ではあまりいい成績を残すことができなかった。[12]

　学校がヴァカンス・シーズンで休みになるとその間に室内楽常任指揮ルードビッヒ・アベル先生がエルマンノの作品をはじめてバイロイトにあるシュタイン・グラエベール社（Editore Steingraeber）に送ろうと心に決めてくれた。本格的な契約ではないがひとつの作品について１５０マルクを保障してくれた。

　そこでエルマンノはその作品の登録名としてフーゴ・ヴォルフを代表とした紛ら

---

[10] バイエルン王立音楽アカデミーとしてリヒャルト・ワーグナーの提案によって1846年に設立。当時の教授陣にはジョセフ・ラインベルガー、マックス・レーガーがいた。

[11] Rheinberger, Giuseppe 1839-1901　Joseph Gabriel Rheinberger　宮廷楽士長で教会専属オルガニスト、合唱団の指揮をしていた。作風はメンデルゾーンに近く、ロマン派を専門とした作曲家だった。

[12] 最終試験の評価記録にはインコラッジャメント（incoraggiamenti）"頑張りましょう"が残されていた。

わしい一般的な苗字はやめ、母の持つ苗字フェラーリを使い、二つをあわせてエルマンノ・ヴォルフ＝フェラーリとして登録した。ドイツ人的なヴォルフとイタリア人的なフェラーリを融合した名前はまさに彼の持つ人生をそのまま名前に表したようであった。[13]

　音楽アカデミー2年目の終わりには弦楽4重奏を作曲した。この作品は大変評価されアカデミーから銅メダルを受賞した。そして3年目終わりには幻想交響曲とひとつの前奏曲（未完成で終わっている）を作曲している。これらはアカデミーから最高の評価である金メダルを受賞した。しかし、これらの作品も担当教員のラインベルガー先生との関係を考えなければならなかった。エルマンノは愛するワグナーの手法を使うか使わないかの選択に非常に悩まされた。

　アカデミー一年目はラインベルガー先生の親切や微笑を好きになれない部分が多くなった。2年目、3年目には少しずつラインベルガー先生への愛着を覚えていったが、最終的には3年目の提出作品、幻想構想曲にワグナーの手法を使ったために2人の仲は再び悪くなった。

　ディプロマのための最終試験にはラインベルガー先生が与えてくれたテーマに基づいた弦楽フーガを作曲することになった。このために8日間家に引きこもり作曲した。実はこのテーマはカール・フォン・ペルファル男爵[14]の作ったものであった。男爵は評価の高い作曲家でミュンヘン・コルテ劇場支配人、ミュンヘン音楽アカデミー学長といった重要な役職を持っていた、世渡りのうまい人であったがミュンヘンでの音楽家にとって大変な権威を持っていた。このテーマを与えられたときにエルマンノは正直にテーマに対して、声を荒げて"ひどいテーマだ"と言った。そこに居合わせた男爵は怒りを抑えながらお人良しそうに口をつぼめ、何も言わなかった。

　この卒業作品のために8日間家に引きこもったが、実際は5日間そのテーマに作曲することが嫌で手につけていなかった。あきらめてあの老いぼれ、オーケストラの一員、ラインベルガー先生に泣きついて、"お願いです卒業させてください"と頼み込めば、ディプロマ出来たものの、そうすれば別の成功への道へ繋がっていただろう。エルマンノは6日目に決心した。4声のフーガのモチーフに変化をつけさせれば、このくだらないテーマも良い方向に向うのではないかと考えた。一つ目のフーガは自ら考えたモチーフ、2つ目のフーガは自ら考えたモチーフの発展系、3つ目のフーガにほんの少しだけラインベルガー先生の課題テーマに悲しみをイメージ

---

[13] Ermanno・Wolf=Ferrari は作曲家としての名前で、若いエルマンノは常にヴェネツィアに帰る機会を探りながら、既にドイツとイタリアの両親のファミリーネームを受け継ぎ、両国で活動する決意を持っていた。
[14] Karl von Perfall（1824-1907）1868年から1892年まで王立ホーフ劇場とレジデンツ劇場の支配人を務めた

したモチーフにハーモニーを少し嫌味に混ぜた。そして４つ目のモチーフはその課題を３と４に分けて何度も展開させた。この曲はラインベルガー先生とボルツァーノから来たリヒャルト・シュトラウス[15]の友人でドイツ若手作曲家のために学校で教鞭をとっているルイージ・トゥイッレ先生[16]の２人によって演奏された。ひとつはヴァイオリンとヴィオラのパートを、もうひとつはセカンド・ヴァイオリンとチェロのパートを担当した。彼の発表の順番が来るとすぐにラインベルガー先生へスコアを見せに行った。すると先生は目を細めて、「これは私の出したテーマではないね？」と聞かれたのでエルマンノは「そのうち出てきますよ」と答え、「なるほど、あなたは４つのテーマを持ったフーガを作曲したのですね、まぁ良いでしょう。」と先生は答えた。作品の演奏もなかなか発想の良い作品とされ、トゥイッレ先生も悪意なく「この３番目のモチーフはとても面白いね」と言ってくれた。だがその場にいた男爵は台無しにされたテーマを聞いて「後は音楽史の試験だけで、全て終わりますね？」とエルマンノの最も自信のない課題の事を聞いたのだが、エルマンノは「あぁ、その試験は受けません。授業も誰ひとり聞いていなかったですし、僕も全て独学で学びました。担当のゼンガー先生は何も知識がないわけではありませんが、授業は何も意味がありませんでした。」と答えた。マッシミリアーノ・ゼンガー（Massimiliano Zenger）先生[17]はオペラやオラトリオ作品の作曲家でオーケストラの指揮者でもあった。アカデミーでは声楽の教師だったが、指導者としてやる気のない人で、音楽史の授業も教本を棒読みして聞かせていただけの授業で、生徒にはまったく良い授業を行っていなかった。でもこの発言のお陰で、当然試験を受けずに落第し、せっかくの金メダルもディプロマも取らないままアカデミーを終えたのである。エルマンノはまだまだ子どもであった。

---

[15] Richard Strauss（1864-1949）この時期のシュトラウスは1878年から歌曲を作り続けて1883年に≪万霊節≫作品10-8≪セレナーデ≫作品17-2など歌曲の大半を書き上げ、交響詩≪ドン・ファン≫、≪マクベス≫も発表していた。1892年には≪グラントラム≫の初演に失敗し、1905年の≪サロメ≫発表まで声楽曲作曲が途絶えていた。

[16] Ludwig Thuille（1861-1900）作曲家 1879年よりミュンヘンに移住、一度はミュンヘンを離れたが、1883年より教職に就く。1896年作曲オペラ≪ロベタンツ≫はフンバーディングのオペラ≪ヘンゼルとグレーテル≫よりも優れていると評された。

[17] Massimiliano Zenger（1837-1911）Max Zenger ドイツの作曲家、指揮者、教師、音楽作家。1869年ミュンヘンのホーフビューネ劇場の音楽監督を勤め、いくつかの劇場監督を勤めた後1882年より教鞭を執っていた。

エルマンノ・ヴォルフ＝フェラーリの生涯　1－5
ヴェルディとの出会い

　1895年夏、毎年恒例のヴェネツィア訪問、でも今年の訪問は長く留まることになった。アカデミーのディプロマは持って帰ってこなかったが、自分の作品に大きな自信とこの才能を売り出すことに意欲を持って戻ってきた。ヴェネツィアに戻ってすぐにラインベルガークラスの同門、ジュリオ・バス(Giulio Bas)[18]から紹介してもらったサンマルコ大聖堂の楽師長ドン・ロレンツォ・ペロージ[19]と知り合うことが出来た。彼は若き作曲家でもありミサ曲、モテット、詩篇曲、聖歌などを非常に速いペースで書き上げている人だった。もの静かな人で、ジュゼッペ・サルト枢機卿の使っていたパトリアルカの宮殿[20]の一室の片隅で祈り、瞑想することが好きだった。ペロージは教会区の橋が見える窓から身を乗り出しながらエルマンノの到着を待った、エルマンノも若い夢の詰まった大きな頭に目を輝かせながら彼に会いに来て、ペロージも屈託のない親愛なる気持ちでエルマンノを迎えた。若い二人の芸術を崇拝する気持ちは通じ合いすぐに打ち解けた。まるで何十年も前に知り合った友人のように。ある日ペロージのくれたテーマに基づいて5声のフーガを作曲し、彼に披露した。この曲は室内楽の作品の中では評価の高い曲である。ペロージとの関係は、出会いも会話も作曲もすべてうまくいった。エルマンノにとって初めてイタリア人作曲家と友人関係になり、初めてイタリアの音楽事情について深く話を聞くことが出来た。2人が違う環境にいることなどまったく問題視せずに、一人は当てもなく現実から離れて与えられた領域だけをさまよう人、もう一人は常に固い土地に立ち向かい、自分を守りながら現実に立ち向かいながら研究を続ける人、双方良いところも悪いところもあるわけだ。芸術家に理想的な本質は、純粋な考え方と成功への道筋を一つ一つ真摯にクリアしてゆく向上心ある夢を持ち続けることが大切なのだ。この親愛なる二人は対照的で、一人は天使に守られているもの、もう一人エルマン

---

[18] Giulio Bas（1874-1929）イタリア・ヴェネツィア生まれの作曲家、オルガニスト、ヴェネツィアとローマで教会専属オルガニストをしながら音楽院で教鞭を執っていた。エルマンノとはラインベルガークラスで同門だった。
[19] Don Lorenzo Perosi（1872-1956）Monsignor Lorenzo Perosi は教会専属の作曲家、イタリアで合唱指揮をしていた。オラトリオやミサなどを中心に作曲した。トスカニーニやマスカーニ、プッチーニ、ボーイト、マスネなど音楽家と交流があった。
[20] 後にこの宮殿はピオ10世(Pio X)の宮殿となる。

ノは生まれたときから人間たちに引きずられているのだ、一つ一つの行動に常に悩みと葛藤がある運命なのだ。ドイツでは当たり前のように器楽曲や室内楽に少し声部のある曲しか作ってこなかった。イタリアでは、いやヴェネツィアでは自由があった、オペラ作品を作らなければ認めてもらえないのだ。

エルマンノは一度もイタリア語を使った作品を書いたことがなかった、でもなぜイタリア語のような美しい言語を使わなかったのだろうと、不思議に思うくらいオペラ作品を書くことに違和感を持たなかった。それからはコメディとドラマの書き方について少し勉強をした。昔こういった芝居についてストーリーを考えたことがあった、その時はまさかオペラの台本を書くことになるとは思ってもいなかったが、ある庶民の娘と貴族社会の青年との恋がテーマの物語である。人生において非常に危険なことに立ち向かった青年を救うために娘は貞節をかけて青年を救った。だが救われたことに傷ついた青年は娘のことを捨ててしまう。見捨てられた娘は自らの潔白を守るために自殺するという話だ。物語的にはよくある話なのだが、子どもの頃から思い出に残っている物語であったし、早く現実的に音楽家として成功したい思いが募り、3ヶ月間をかけてこのオペラ《イレーネ》を完成させた。そしてこの作品をミラノの出版会社に持って行かなくてはならない。出版会社も著名な作曲家からの依頼であれば検討してくれるが、まだ無名のエルマンノの作品など見てもくれるはずもなかった。そこでアレッサンドロ・パスコラート[21]がアリーゴ・ボーイト[22]に宛てた手紙とロレンツォ・ペロージがフランチェスコ・ルラーニ伯爵[23]に宛てた手紙を持ってミラノへ作品を売り込みに行った。

ルラーニ伯爵は非常に親切な人で、とても音楽を愛していた。特にオルガンとピアノ作品が好きで作品についても芸術についても知識のある人であった。植物学者で写真家、登山家で、よくランツァーネ通りにある自宅にたくさんの知識人を集めてパーティを開いていた。

また美しい伯爵夫人チェチーリアも呼んで、歌を歌ってもらいながら楽しむこともあった、そこに若く目の輝いた青年エルマンノも呼ばれたが、初めは場違いな雰囲気もしたが、すぐに伯爵が愛するバッハの話に引き込まれ、エルマンノも音楽の話に夢中になりながら、いつの間にかこの仲間の中に溶け込んでいった。

---

[21] Pascolato Alessandro（1841-1905）ヴェネツィア生まれの弁護士、作家、政治家。娘は Maria Pezzè Pascolato デイタリアの教師をしながら作家、青少年のための図書館を設立した。

[22] Arrigo Boito（1842-1918）アリーゴ・ボーイト、イタリアの詩人、台本作家、作曲家、ワグナーの音楽評論を多数残している。1868年にオペラ《メフェストーフェレ》を完成、《ラ・ジョコンダ》、《シモン・ボッカネグラ》、《オテッロ》、《ファルスタッフ》の台本を手がける。

[23] Francesco Lurani Cernuschi（1857-1912）ミラノの貴族、登山家、探検家でも有り音楽研究家であった。特にバッハの研究家で、BMV78 の対訳もしている。

ボーイトとの出会いも同じく温かくエルマンノを迎えてくれた。ボーイトは当時ミラノのアマデオ通り1番のマンション4階の2つの遠慮がちな部屋に住んでいた。エルマンノが尋ねてゆくと、こころよく扉をあけ部屋へ入れてくれ、若いエルマンノにたくさんの話を聞かせてくれた。

　ある夜、ボーイトは《ファルスタッフ》"Falstaff"のスコアを手に持ちダル・ヴェルメ劇場へ行った。この公演ではロドルフォ・フェラーリ（Rodolfo Ferrari）[24]の指揮で上演されるのだ。そこでエルマンノとばったり出くわし、天井桟敷に行くというのでボーイトの中央にある桟敷席の先頭へ彼を呼んだ。そこには画家のカルロ・マンチーニ、兄弟のような友人で《メフェストーフェレ》の原作者だ。そこでエルマンノを見てびっくりした。彼は《ファルスタッフ》を丸暗記していたのだ。エルマンノのヴェルディ好きはもうこれで証明された。そこでボーイトはこの若者に提案をする。「ジュゼッペ・ヴェルディに会いたいかい？もうかなり年だが一生忘れられない思い出になるよ。」ヴェルディはこの頃ミラノのグランドホテルに滞在していたが、夜はある特定の親しい人との面会しか許されていない。そこでボーイトはヴェルディ夫人のジュゼッピーナ（Giuseppina Verdi）に面会のお願いをした。面会にはテレサ・シュトルツ（Teresa Stolz）[25]ジュリオ・リコルディ（Giulio Ricordi）[26]を迎えて新人エルマンノの事をこころよく招待してくれた。

　長いまつげが溢れるばかりある目には静まった遠くを見るような視線、意欲の塊のような人だった。エルマンノに、「君はミュンヘンで勉強したのかね？」とヴェルディは聞いた。返事も待たずに「まだ勉強が足りないね」とヴェルディは言った。ヴェルディはあまり口数が多くなく、口ごもらせながらあまりはっきりと発音しないしゃべり方だった。ほとんどペッピーナ（ジュゼッピーナ）が答えていた、彼女はまじめで、不本意ながらも控えめで、誠実な女性であった。一方リコルディは非常に冷静な男であった、ただ一人この場を盛り上げてくれた人物はシュトルツだ、おてんばで明るく、愛想のよい女性でこの場にいる全ての人の喜んだ笑顔を見たいような人だった。リコルディはエルマンノに「最近よく話にあがるが《ヘンデルとグレーテル》についてどう思うかい？」と聞いた。ヴェルディは結局パリの曇った空の話とサンタアガタの自宅の井戸を掘るのに2万リラも払ったことなどだった。面会が終わる頃、ヴェルディはエルマンノに"Onoratissimo!"（お会いできて光栄でした）

---

[24] Rodolfo Ferrari（1864-1919）モデナ生まれの指揮者、ボローニャ音楽院で勉強をし、ワグナーやヴェリズモ作品を多く世に送り出し、《マノン》と《パルシファル》のイタリア初演を任された。
[25] Teresa Stolz（1834-1902）チェコスロバキア出身のソプラノ、ヴェルディ作品の《運命の力》1869年、《アイーダ》1872年、《レクイエム》1874年の初演ロールを勤めている。
[26] Giulio Ricordi（1840-1912）イタリア・ミラノに構える出版社リコルディ家の創始者ジョヴァンニ・リコルディの3代目に当たる。

と言った。この言葉も余りはっきりとした発音でなかったがこの言葉にどこかの節に吃音があるような気がして仕方がなかった。この夜のことは決して忘れることがないだろう。エルマンノの魂には彼の声、姿がしっかりと焼きついたのである。少し高めの声で、のど声、甘くて親切な感じだ。《ファルスタッフ》の美しさと警告を自ら実践しているヴェルディに圧倒された。この大家の作品を理解するのに少なくとも時間がかかるし、このままでは喜んでいられないのだ。エルマンノは、《イレーネ》を出版社に持ち込むのを諦めた。

ミラノでの滞在は美しくともあっという間に過ぎていった。ボーイト家でのカミッロ・ボーイト（Camillo Boito）[27]やその夫人（マドンニーナ・マラスピーナ、Madonnina Malaspina）[28]との親交、夫人はエルマンノのことをカーザマッタ（家の変な人）と呼んでいたくらいだ。朝食まで頂いたこともあったし、さまざまな話をこころよく聞いてくれた。きっとエルマンノの純粋な心を皆が愛してくれたのだろう。ドイツ人とのハーフに生まれた彼の音楽に対する情熱、才能、そして若くたくましいヴェネツィアの血が流れる魂がこの幸運を呼んだのだろう。ミラノではたくさんの人と出会った、あのヴェルディとも出会えたのだ。あの有名なリコルディと近づくことが出来たのだ、彼は思った、「焦らなくていい。でも《イレーネ》はかわいそうだった。でもこれはただのオペラのタイトルだ。あの面会での話を聞いてもうあの作品のことは忘れる。もう古い題材だからスーツケースに入れてわすれるのだ。」

少しずつアウグストからもらった旅費も尽きてきた。何日か経って父から呼び戻され、エルマンノはミラノから旅立つ決心がついた。カバンに服、本に紙をもって駅へ向かった。途中ボーイト家へ挨拶によると、アリーゴ、カミッロ、マドンニーナ夫人がそろって、"出発は明日まで引き伸ばしなさい"と勧められ最後の夕食を皆で食べた。カミッロから長い寝巻きを借りて眠った。翌朝ボーイトはエルマンノにドイツ語に訳されたシェイクスピアの全巻をくれた。そして手を強く握り締め"A rivederci presto,capito?"「なるべく早くにまた会おうな、分かるかい、この意味が？」と言った。

---

[27] カミッロ・ボーイトはアリーゴの兄弟に当たる人で建築家、1836 年に生まれて 1914 年、77 歳で没した。
[28] マドンニーナ・ボーイト（1852–1898）はカミッロの 2 番目の妻で当時のエルマンノを世話した。

エルマンノ・ヴォルフ＝フェラーリの生涯　1－6
ミラノ再び

　ヴェネツィアにはまだまだやることがたくさん残っていた。芸術家のための芸術家協会が設立されており、ここでエルマンノは唯一の音楽家だったのだ。しかし目的を果たすにはとても良い環境を持っていた。この集まりの中で兄弟のように関わるには、芸術に関する何らかの有利な点を持ち備えていなければならなかった。そういったことは直感ですぐに感じた。彼はここで様々な企画をして活気を与えた。しかしこの協会の理事でもある彫刻家のアキッレ・タンブリーニ（Achille Tamburini）[29]にも功績を残さなければならない。協会の活動拠点は３つの企画団体で支えられていた。そのひとつで一番権威のあるカルミニ修道院に関して活動する団体だ。修道院は階段の数が少なく、丁度よいテーブルをそろえることも必要であり、漆喰も崩れそうになっているので修復が必要だった。また重要な仕事としては画家のブロッシュ（Brosch）とピエレット・ビアンコ（Pieretto Bianco）のフレスコ画の修復だ。

　だからといってエルマンノは音楽活動を怠けたりはしなかった。12曲の室内楽を作曲し、それぞれを別の12の出版社に送ってみた。彼にとっては人生をかけた大挑戦だ。しかし全ての出版社からは冗談扱いされ、彼のもとへ送り返された。エルマンノはほとんどの出版社に作品を買ってもらうために３重奏の楽譜と彼の活動について記された会報を同封して送っていたのだが、後にこの３重奏はすでにどこかの出版社に買われていて、すでに出版されている作品だとほとんどの出版社が勘違いし、作曲家の悪ふざけだと思った結果、封も切らずに送り返されていたことが判明している。

　エルマンノは２本目のオペラ作品に取り組もうとしていた。音楽も人物も《イレーネ》"Irene"とまったく違うものが望ましいと考え、ド・ミュッゼ（De Musset）の《火の中の栗 "Les Marrons du feu"を題材として選び《ラ・カマールゴ》"La Camargo"（フランス革命期に流行した革命歌、踊り）場面割りはエルマンノが担当し、台本の行節割りはマリア・ペツェ・パスコラート（Maria Pezzè-Pascolato）[30]にお願いした。

---

[29] Achille Tamburini（1873-1902）トリエステ生まれの彫刻家、ラファエッレ・カルボナーロと共にヴェネツィアに"Tamburini e Carbonaro"を1911年まで設立。
[30] マリア・ペッツェ・パスコラート（1869-1933）はヴェネツィアにいきた教育者、書籍も多数残している。父はAlessandro Pascolato、母はFrancesca Restelli、父は現ヴェネツィア・カ・フォスカリ大学の学長を務めていて、エルマンノとのつながりも深かった。

しかし第 2 幕が出来上がろうとしていたとき、同じ題材でナポリの作曲家エンリーコ・デ・レーヴァ(Enrico De Leva)[31]が書いた作品をリコルディが買い取った知らせが届いた。エルマンノは自分の不運に悩んだ。しかしまもなくルラーニ伯爵から嬉しい知らせが届く。手紙にはまたミラノに戻ってドイツ人の合唱団体の指揮をやらないかと書かれていた。ボーイト先生にもこのことはまだ知らされてなく、伯爵自らの勧めだった。ドイツ語は完璧にしゃべれるわけだから、とても自分にあっている仕事だと思った。給料も月 100 リラ保証されるのでミラノに住むには十分な額だった。ただ今週中に引っ越すにはあまりにも時間がなかった、自分がこれまでヴェネツィアでしてきた活動を受け継いでくれる友人を探さなければならなかった。どちらにしてもまたミラノへ行くことになれば仲間たちに残念な思いをさせることは確実だった。

この合唱団はドイツ人とスイス人の集まりだった。職人や駐在員、工具などさまざまで、みんなイタリア的芸術家で紳士淑女だった。そこにはルラーニ伯爵もスタンガ侯爵(Stanga)、テラブージョ教授 (Terrabugio) もいた。通常有名な民謡を歌って、みんな趣味として歌を楽しんでいた。練習に使っていた場所も、いつの間にか高級な居酒屋みたくなってしまうのだ。エルマンノは練習プログラムをよく考えた。合唱団がただの趣味の領域よりも高いところを望めるように 1500 年代のマドリガーレとヘンデルとバッハのカンタータもあわせて勉強することにした。合唱団は年 2 回、ミラノ国立音楽院の広めの部屋で発表していた。そこにはたくさんの関係者や家族、お客がやってきていたのだ。誠実にイタリアらしい素材に近づかせて、引き伸ばして行きながら指導した結果、合唱団は確実に世界的視野を持てるように成長した。しかしさまざまな妨害を受け指導者の地位を辞退せねばならなくなってしまった。

それからしばらくしてどれだけこの機会を待っただろうかルラーニ伯爵夫人からとてもありがたい申し出があった。かなり集中型である貴族階級にある家族に歌と作曲法を教えてくれないかということであった。エルマンノは既に父の援助もなくなってきていたし、ミラノのアパートの家賃も滞納していたので、考える余地はなかった。伯爵夫人はいつも伯爵に寄り添いながらよく仕事をし、落ち着いていて、信頼され、つねに芸術家がどのように生きていくかを考え、そのためにお金を惜しまず、彼女の独特な方法で学んだピアノや歌も常に気品があり、そこには優しさと教養の深さが感じられた。

---

[31] Enrico DeLeva (1867-1955) ナポリの作曲家、カンツァオーネから作曲をはじめ、次第にオペラや交響曲などを作曲した。1898 年トリノ・レージョ劇場にて≪ラ・カマールゴ≫を初演、トスカニーニが指揮をした。1915 年よりサンピエトロアマリエッラ音楽院に勤め、ダンヌンツィオとは深い親交があった。

1897年の初頭、信じられない出来事が起こった。ジュリオ・リコルディが彼の室内楽を審査してくれるというのだ。また貴重な機会に親愛なる共演者エルネスト・コンソーロ（Ernesto Consolo）[32]をピアニストに呼んでくれた。審査員にはボーイト先生もこの時期売り出し中で、すでに《ラ・ボエーム》を発表し大成功したジャコモ・プッチーニ（Giacomo Puccini）もいた。エルマンノの室内楽は大きな喝采を浴びた、おそらく影で誰かが引っ張ってくれていると・・いや純粋に評価されたのだ。オメノーニ通りの扉はまだ閉まることはないだろう。それからエルマンノは意欲的に一般公開されている劇場へ足を運んだ。たいていはフェラヴィッラ（Ferravilla）かザーゴ（Zago）といった仲間と見に行っていた。特にザーゴは生まれた時からオペラが好きな人で、とくに喜劇についてはたくさんの知識を持っていた。《秘密の結婚》《ジャンネッタとベルナルドーネ》《奥様女中》《シンデレラ》こういった少し特別で、一般的な流行とはかけ離れた喜劇が魅力的だと思っていた。そんな時彼に衝撃を与えた作品はシュトラウスの交響曲詩《ドン・キホーテ》と《ツァラトゥストラはかく語りき》だった。ミュンヘンで音楽教育を受けている彼は当然のようにこの曲に対して深い情熱を覚え、若い希望を持った青年エルマンノはこの新しい技法を使った作品に憧れを持った。そして彼を悩ませた作品が時期的にも丁度よい頃に勉強しなおさなくてはならなくなった。ヴェルディの《ファルスタッフ》である。ジュリオ・リコルディは彼に直接貴重なオートグラフをあげている。エルマンノはその直筆の譜面を見てとても驚いた。正しく几帳面に書かれた譜面はまるで大きな記号のようであった。あれだけの大家が怠けずに最後の最後までしっかりと書き上げているのを見て、エルマンノは大きな慰めとなった。

　もうひとつの情熱の方向は、常に心に抱き続けていたダンテの《新曲》、この本は歌に歌えるほど読み上げている、魂が天界へ離れてゆく様を何度も夢見た。そして《新生》にも大変夢中になっていた。呼吸するこの瞬間から、ソネット形式の詩が流れ、眼差しの奥には愛すべき人がいる。ロマン・ロラン（Romain Rolland）[33]の言葉が思い出される。ミラノではこういったダンテの言葉の生き写しが愛されていた。そしてこのソネットはエルマンノの作曲活動にひとつの芽を植えてくれた。

---

[32] Ernesto Consolo（1864-1931）ロンドン生まれのピアニスト、ローマでG・Sgambatiにピアノを学び、リストを専門とした技術を学んだ。1890年からはミラノを中心に活躍し、ベートーヴェンを中心とした公演を繰り返し、1896年には名声を得てヨーロッパ中で演奏活動、1906年にはアメリカに行き活躍した。
[33] Romain Rolland（1866-1944）フランスの作家、平和主義で反ファシズム運動をした。《Mirabile libello》はダンテの≪新生≫における抜粋"称賛に値する誹謗"と表している。

ロッシーニの《シンデレラ》は当時スカラ座の隣にあったフィロドラマティコ劇場という小さめの劇場で上演された。もうこれ以上カットできないほど短く書き直されていた。もうあの《ラ・カルマーゴ》が他の流行作曲家に取られて台無しになったことを悩む必要もない。このロッシーニ作品は輝きすらもなく、荒削りの作品だったのだから。書き直された≪チェネレントラ≫を聞くに堪えた後、自分と同じように聴衆はそそくさと帰ってしまった。エルマンノはきっとペロー（Perrault）の昔からの童話は、もっと新しいスタイルの音楽と表現方法が必要ではないだろうかと考えていた。

　ある未亡人は他の聴衆とは違う目の輝きを持っていた。その目には自由とロマンスがあるに違いない、まるでドレ（Dorè）やダルボーノ(Dalbono)の作品を見ているような目だ。つまりこの作品の台本に問題があるのだ、エルマンノは台本をマリア・ペッツェ・パスコラート（Maria Pezzè Pascolato）にお願いした。原作には誉に満ちた話なんて書かれていない。本当は狂気に満ちたファンタジーなのだ。この五線譜にまったく違う作品を溢れる川のように書き込むのだ。普通の技法を使うのではだめだ、チマローザの手法もファルスタッフの手法も忘れなければならない・・若いエルマンノは必死に作曲した。

　第1幕を書き終えた頃、エルマンノは出来の良さに満足していた。すぐにリコルディ社へこの作品を持って行くと、「プッチーニの《マノン》を買ったばかりだし、ここにもマスネの作品[34]がある・・私たちは《ラ・ボエーム》をレオンカヴァッロの作品を断りながらプッチーニの作品を買った。もしこの作品《シンデレラ》を買うことになるとエドアルド・ソンツォーニョ（Edoardo Sonzogno）[35]がマスネの大作を買ったときに、私たちは次なる策をとれずに夢を失うことになる・・だからここで君の作品を買うことは絶対に出来ないのだ」と説明を受け断られてしまった。今回だけはエルマンノは意地を張った。作品を買ってもらえないなんて考えもしなかった。きっと付き合いのあるリコルディ社なのだから一目くらい作品を見てくれてボーイト先生の教えを受けた作品であることに感心してくれるはずだった。しかし現実はただ進み、大きな壁を差し出し、後退せずに入られなくなるような結果が出たのだ。エルマンノは走って他の楽譜を取りに行った、電車を乗り継いでいくその姿

---

[34] マスネが作曲した作品も≪サンドリオン≫1899年初演、同じ題材のものであった。
[35] エドアルド・ソンツォーニョ（1836-1920）ミラノのソンツォーニョ出版社は新聞や雑誌などを扱いながら、音楽の出版譜面にも力を入れていた。音楽誌としては"Il Teatro Illustrato"と"La Musica Popolare"を発行していた。ビゼーやマスネの作品、レオンカヴァッロやマスカーニ、ジョルダーノ、チレアのオペラ作品も出版している。1883年ソンツォーニョ主催1幕オペラの作曲コンクールではプッチーニが≪妖精ヴィッリ≫で優勝している。この時代の1幕オペラの流行はリコルディとソンツォーニョ主催のコンクールが切っ掛けとなっている。

にはオラトリオ《スラミータ》の楽譜を持っていた。このテキストは"Cantico dei Cantici"の聖書から取り上げたものでソリストと合唱、オーケストラで構成されていた。彼の所属していたドイツ関連団体へ望みを託したのだ。

エルマンノ・ヴォルフ＝フェラーリの生涯　1－7
≪チェネレントラ≫

　1899年2月26日ヴェネツィア・ロッシーニ劇場にてジュゼッペ・ヴェルディが名付けた「音楽家支援団体」(Società di Mutuo Soccorso tra Musicisti)の会長アレッサンドロ・パスコラート[36]が主催してこの≪スラーミテ≫の公演が実施されたのである。ついに公共のコンサートで彼の音楽を演奏することが出来た。言うまでもなく大成功だった。このコンサートのポスターには『マエストロの音楽を我々と共に！』と親愛ある見出しが書かれていて注目を浴びた。

　パスコラートはトリエステのポリテアーマ劇場にも引越し公演をしたいとひらめいた。でも「マエストロはどう言うかな？」関係者が拍手をしながら言った。「私たちの支援団体はヴェルディの下に集まったようなものです。そしてこの熱狂的な出来事を摘み取るようにして活動しています。群衆は皆この出来事を期待しつつ待っております。でも・・合唱団やオーケストラの旅行費用は前もって彼に伝えなくてはいけないですね。必要条件はこうです。もし利益があるならば彼と合唱、オーケストラで分けないといけません。もし赤字が出てしまった場合は彼に支払ってもらうしかありません。」

　マエストロはとても大富豪というわけではないのだが、この若者の夢と希望に詰まった前向きな意見はきっと色々な人を動かすことになるので、そこにはリスクと借金が残るのである。そんな中《スラーミテ》は大変好評で3回も公演を繰り返した。

　出発の朝、空は曇っていて晴れる予兆もなかった。さらに海は強風で荒れ、彼らの気持ちまでも沈ませた。マエストロは鉄道に乗った。他の集団はオルガンを運ばなくてはいけなかったので船で行くことになっていた。おそらく大きな蒸気船の様である。本番の前の日に、現地へ赴く彼らの勇気を讃えているようだった。風にも雨にも大波にも寒さも蒸気弾ませるこの場では応えなかった。皆、不吉な『3本マス

---

[36] Società operaie di mutuo soccorso (SOMS) は18世紀中期にイタリアで発足した支援団体、主に労働者の事故や病気に対して支援をしている。パスコラートは郵政大臣補佐官を勤めた事もあり、ヴェネツィア・フリーメイソンの一員として活動した後ミラノのグランデ・オリエンテ・ディタリアの顧問となった。

トの幽霊船』の話だけは誰も話さなかった。ただ 4 人のボーイがオルガンを積んでいるのを黙って見ていた。

　何かが起きたかというと、とても危険な天候だったということだ。合唱もオーケストラも一か八か出航するか、鉄道を選ぶか。実際にはマエストロが選んだ鉄道で行くと無事に到着して楽ではあったがお金がかかった。2 倍かかるのだ。トリエステの住人の願望も雲行きが怪しくなってきた。結局夜にかけて天候はさらに悪化し、ポリテアーマ劇場に着いたのはほんのわずかの団員だった。またこのお陰で財政的にも多大な打撃を受けてしまった。そのためほんの少し《スラーミテ》"Sulamite"[37]の公演で芸術協会からでた黒字、後はサンジュストの賛美歌の報酬を熱狂的な協力者から集めてもらった。少し前に興行主である関係者がその賛美歌の報酬を繋いで置いてくれたことが幸いした。とても美しい女性がエルマノの上空に浮かび上がって、「エルマノ、グローリアを見直しなさい」そう言うのだ。エルマノは確かにこのグローリアに関して少し完成度が落ちているところを知っていた。あの不思議な女性の出現は彼にとって、14 歳のとき思いがけず心臓が飛び出そうになった、あのときが初めてだったのだ、あれからすごい速さで指揮棒が回るように時は経ち賛美歌がたくさんの喝采を浴びて成功している。エルマノはひざをついてプラテア席の奥にいる女性を見つけ、あの空を飛ぶ女性に見立てて感謝をした。むなしくもあの永遠の女性は恋の夢と散ってしまったのだ。

　ミラノに帰ると山のようにやる事が溜まっていた。また計画しなおすとなると大変なことだった。まずドイツ人やスイス人の集まった合唱団の指導、貴族階級の方への音楽指導、ダンテの詩の研究、《チェネレントラ》"Cenerentola"の出版社を探すことと作品の完成、まだ他にもやらなくてはいけないことがあるはずだ。どの方向へどのように転がるかは誰も知ることが出来ない。また器楽と歌の曲に着想し仕事の依頼が来た、一人の不思議な聖職者の客からでイエス・キリストの言葉とタイトルを同じもので作ってほしいとの事だった。タリータ・クーミというサンマルコ寺院の聖職者からの依頼だった。

　「ユダヤ人会の理事をしているジャイロという人が大事故で娘を亡くしてしまったのだ。彼の悲しみは癒えることなく、ただイエスの慈悲だけが彼の薬となっていた。イエスは奇跡の一言を発した、娘よ、起きなさい、それからは娘の魂は再び起き、父親の愛と共に生きたのだ。」この話を作曲する仕事は 2 声で作られている広大な《スラーミテ》とは違う作り方だ。話し手にテノール、ジャイロとイエスにバリ

---

[37]《ラ・スラーミテ》"La Sulamite" はミラノのファントゥッチ出版社から出版され、原作者にパスコラートの名前が記載されている。エルマノはこの成功の後次のオラトリオ《タリータ・クーミ》を作曲した。

トンを起用した、合唱とオーケストラ、全てが一体化したような作り方を目指した。聖書をもとにラテン語とドイツ語をテキストに用いて、2つの儀式を付け足して合唱で終わる形にした。オラトリオ≪タリータ・クーミ≫はレチタティーヴォ形式と詠唱部分とポリフォニー部分、器楽演奏のみの部分、宗教信仰心を大切に書き上げた。人間の表現する詩がドラマを作り、600〜700年の文化の香りが漂う作品を残している。この曲を聞いているとやはりヴェルディの後を継ぐべきロマンティズモを持っているように感じる。これは彼が学んできた教育もあるが、彼の内側に秘める才能があふれ出ている結果だ。つまり一方でファンタジーの質を持った輝かしい喜劇を書くことが好きで、もう一方では非常に信仰心厚い宗教曲を書くのだ。柔軟で多才である彼だからこそできたことだろう。この現実は注目すべきことに値する。タリータ・クーミは彼の活動を追い続け、少し遅れはしたが才能を認め、ドイツ・ライプツィヒのラーター出版会社[38]にこの件について報告した。

　《チェネレントラ》公演に向けてエルマンノは相変わらず難航していた。最後の幕に12の金管楽器と16の打楽器が必要となり、その折り合いをつけるのに時間がかかっていた。この音を鳴らさなければ彼の情熱をこめた作品にならないのだ。でも出版社の出資がなくてどうやって初演まで持ち込むか、どこで公演をするのか、大きな赤字を出さないためにも慎重に行動しなければならなかった。また≪スラーミテ≫公演のときのように「音楽を我々と共に！」なんてまた広告するのだろうか？それは良くても、興行主のチェザーリがまた芸術活動への救済を図ってくれるだろうか？支払いはともかく、フェニーチェ劇場の演目としてエルマンノ・ヴォルフ＝フェラーリの《チェネレントラ》を扱ってくれるだろうか？

　エルマンノはホロジーでの素晴らしい授業をよく覚えている。舞台の背景やコスチュームのデザインも大胆にもかつ繊細にできた。もちろんもっとも重要なのはオーケストラのメンバーを集める事と歌手、合唱がそろうことだ。それは停滞気味で、なかなか進まなかった。公演がやっとのことで決まっても、エルマンノは公演の3日前までどの歌手がプリマドンナになるか知らされていなかった。またこのオペラがラジオ中継されることも、フェニーチェの演目の目玉になっていることも知らされていなかった。すべて指揮者エドアルド・ヴィターレ[39]がこの3日間にどのように動いたかにかかっていた。

---

[38] Daniel Rahter（1828-1891）が創設したD・RAHTER社はハンブルグとライブツィヒに本社、サンクトペテルブルグにも支店を出していた出版社。主にチャイコフスキーやボルトキエヴィッチの作品、ヴォルフ＝フェラーリもヴァイオリンソナタ1番、2番、室内交響曲などを出版している。

[39] Edoardo Vitale（1872-1937）指揮者、サンタ・チェチーリア音楽院で学んだ後、トスカニーニのもとで学ぶ。イタリアではリヒャルト・シュトラウスの≪エレットラ≫のイタリア初演をした。その後はローマのコスタンツィ劇場（現ローマ歌劇場）の指揮を担当しながら海外でも活躍した。

プリマドンナに誰を選ぶかその答えは神のみが知るのだ。結局、支配人の意向もあって指揮はヴィターレに決まったのだが、あまりに急な話だったので 1007 ページの作品のうち 300 ページをカットすることになった。時は 1900 年 2 月 22 日のことである。気の重たい木曜日である。質は最悪で、劇場のいたるところに不吉な香りがした。公演初めは順調だった。特に天上からの天使の合唱の部分、それにチェネレントラが正しき母と天上で暮らす夢を語る部分などとても美しかった。なかなかよい感触を感じていたがパイプ状に出来た鐘を関係者がオーケストラの 5 列目の後ろで鳴らすのに足が滑って失敗し、大変重要な音だけに大変残念な結果となってしまった。

　正直に結果を報告するとほとんどのお客はヴェネツィア生まれのエルマンノの初作を歓迎し、付き合いに近い状態で鑑賞していた。つまり彼の見える範囲では微笑を返す客ばかりだったのだ。舞台の前面で意地悪な継母と意地悪な姉がチェネレントラ（灰かぶり娘）をいじめているシーンをグロテスクで奇怪に演出したのだが、そのシーンを見て逆にお客は好奇心を持ち、笑いまで生まれたのだ。まるでさくらを用意したように。楽譜を大幅にカットしたために注意深くストーリーを追わなければ意味が分からなくなっていた。最終的に 1 幕は物語が分からない状況でもお客は楽しんでくれているような印象で終わった。第 2 幕、やっとテノール[40]が登場する。たくさんの女性歌手ばかり出ていたので待望のテノールだ。まるで大人気歌手の登場のようだったが、あまり音楽の上手くない歌手だった。チェリストが時間の合間を見て客席をのぞくと一階のプラテアのお客がざわめき、叫び、ブーイングをしていた。2 幕が終わるまでは大変な騒ぎとなってしまった。第 3 幕、最終幕はこれ見よがしに静かな墓場のシーンに変わる。この現象は神のみが知ることだろう。2 幕とは打って変わって誰も動かず、この夜を不運な出来事として関係者がひとことで語るように・・・マエストロ・ロメーイはこのオペラの出来栄えをしっかりと受け止め、「なんて静かなのだ、私たちはこの公演に勝ったのだろう、でもヴェネツィアでは受けない作品だね」と言った。

　エルマンノは楽譜を全て引き取り、別の町へこのオペラを売り出す用意を始めた。エルマンノもこの公演を見て、大変ショックを受けたのだが、そのお陰で次なる準備を始められる結果となったのだ。だがあまりに落ち込んだためにタバコを続けて吸い、家に引きこもってしまった。だが 3 日間の間にゆっくり考えた結果、またひとつ前向きに考えられるようになった。この日から次の成功までタバコは吸わない

---

[40] 初演のテノール役ルビーノは Alessandro Procacci(1869-1946)が配役された。当時彼は売れ始めてから 2 年目でかなり多忙の中の公演となった。さらにタイトルロールは Clara Wolf=Ferrari で恐らく 1897 年に結婚した一人目の妻である。

と決めたのだ。

　アリーゴ・ボーイト先生はこの若者に対する不運な出来事を残念に思っていた。エルマンノにも心優しく彼のやり方で慰めた、「初めてのオペラ公演では猫のように溺れなくちゃいけないよ」またこの初演のうわさは友人たちにも広がり、「大丈夫だったよ、しっかりト長調が聞こえていたしね」とか「僕にはヘ長調が聞こえたよ」など励まされた。ピアノが一台あったので片方の手で2番目のハーモニーを聞かせた、4番と6番がファの音になっていた。このソとファの音は両方とも終止音として使われていた。両方の音が一緒に聞こえるはずがないのだが。エルマンノは今とにかくこのヴェネツィアから、このミラノから、このイタリアから早く逃げ出したかった。

エルマンノ・ヴォルフ＝フェラーリの生涯　1－8
亡命

　ミュンヘンへ重たい荷物を抱えて戻る途中エルマンノは考えていた。重たい《チェネレントラ》の総譜、ヴァイオリンのソナタの楽譜、4重奏と2番目の3重奏、それにゴルドーニ（Goldoni）とダンテ（Dante）の作品をいくつか、常に大きな計画が頭の中を駆け巡り妄想が付きまとった、神々しい音楽を明らかに示す音に導かれた3声を使う交響曲詩《ラ・ヴィータ・ノーヴァ》"La Vita Nuova"の構想も常に考えていた。ソネット形式に近い方法で作曲をして、もうすでに初めの序幕部分の構想は出来上がっていた。

　しかしさらに緊急だったのはエルマンノ自身の生活を支えるための計画がまったくなされていなかったことであった。また《チェネレントラ》"Cenerentola"の大規模な手直しが必要とされていた。エルマンノはまだこのオペラに希望を託していた。オペラ全体のバランスをまず整えなくてはいけない、それにはいくつかの場面を再構想しなくてはいけなかった。新しいページで代わりを作らなくてはいけないし、全てドイツ語で上演できるように翻訳しなくてはいけないし、適当な費用を出してくれる出版社も探して用意しなくてはいけない。結局ミュンヘンに帰っても挑戦を続けなくてはいけなかった、長い時間を要することだし、とても喜ばしいことではなかった。

　もしエルマンノが自然の流れで重く、コンプレックスな面を持ち、苦しさや残忍なことを考えすぎる性格をもっていて、そのまま芸術への第1歩を着実に進むことになっても、ベートーヴェンが譜面に懇親の力をこめることで類い希のない情熱的

な強さを持っていたことやワグナーが常識では図ることの出来ないくらいの突然変異の天才であったことに嫉妬して急速に落ちぶれ、精神的なゆがみを生じてしまったシュトラウスのようにはならなかっただろう。

　エルマンノはそれでも前に進み、ついに新しいドイツ音楽の構想にたどり着いた。まだまだこの国を蔓延させるほどの構想ではないが、現代音楽への道しるしとして確実な地位を持てる曲だと自信があった。とにかく一曲でも成功させなければもう逃げ場はないのだ。流行音楽の道と美しい威厳のある話を使って迷宮のような道を辿りながら作曲していった。"Indietreggiando-procedendo"（後退する事は前に進んでいることだ）この繁栄期の素晴らしい言葉である。

　《ラ・ヴィータ・ヌオーヴァ》"La vita Nuova"（以下《新生》）が完成に近づいているときアリーゴ・ボーイトから連絡が入った。エルマンノはイタリアからこの時期的に丁度良い知らせかとボーイトからの手紙を喜んだ。文章は長たらしく、たくさんの理想に燃えた提案、イタリアへの郷愁に満ちていてエルマンノの心を揺さぶった。おそらくこの手紙を見てエルマンノはイタリアをノスタルジックに想ったことだろう。あるときエルマンノがボーイトに「イタリアに帰りたい、イタリアに帰りたい」と短い文章を送ると、ボーイトは「私は君の手紙を見て焦りや苛立ちを覚えている、なぜならとても長く何度も何度も同じ事を書き続けている。なぜだ？君の国では純粋な音楽を求めることが出来て悲しいことなどないのではないのかい？そこに滞在して、仕事をして、名声を得て、名声に応えて、イタリアに帰ってきなさい、そして不純な音楽を作りなさい、その方が君にあっているのだから」。その手紙を見てエルマンノは「手紙の返事にとてもうれしく思っています。あなたの手紙を見て好意を持ちました。なぜならとても短いからです。この短さはトライヤヌス皇帝（Traiano Marco Ulpio53~117　ローマ法王在位 98~117）の文章よりもさらに短いですね。」と返している。

　1901年7月のある日、エルマンノはブレーメン市立劇場の監督をしているイェシュニッツァー（Jesnitzer）の兄弟が滞在しているホテルへ行き、ためらいもなく、《チェネレントラ》の重い総譜を彼らに見てもらえるようお願いをした、彼らはホテルのサロンでかなり早朝から真剣に読んでくれた。ホテルのボーイも邪魔をしないように取り計らってくれたのだろう。なぜなら早朝から夜遅くまで重たそうな楽譜を腕に抱きながら読んでいるのだから。なんてうれしい出来事だろう、この時間は誰のものでもなく自分の作品のためにあるのだから、長時間かかったっていくらでも待つ覚悟だった。

　しかしエルマンノの方から我慢の限界が来てしまい、彼らの近くに寄ってソファの手すりのところを軽く指でノックした。まったく気づいてくれないのでもう一度ノックすると、イェシュニッツァーは突然大きな声で「誰だ、何が望みだ？」と叫ん

だ。エルマンノは「申し訳ありません、イェシュニッツァーさん、自分の名前も紹介しないままこんなお願いをしてしまいまして、おそらくあなた方は私のことをご存じないと思いますが、私はそのオペラを作った作曲家でその作品についてたくさんのことをお話したいのですが、どうですかお気に召されましたか？」と聞いた。彼らは「おーそうですか、少しお待ちください」と返事をした。対談はまだホテルのサロン内で続き、すでに彼らとエルマンノは友人関係を作っていた。イェシュニッツァーがついに外へ出ようと立ち上がったときには、もうすでに話はまとまっていた。彼らはとても気さくで親切でエルマンノの求めていたことにもなるべく応えようとしてくれた。つまり《チェネレントラ》を聞きたいと言ってくれたのだ。

　そして彼らとエルマンノはそこから一番近いピアノ専門店へ行き、オペラの＜プレリュード＞と＜チェネレントラの嘆き＞の２曲と母がなくなったことへの祈りの部分、感動ある楽しい合唱の部分などをピアノで聞かせながら説明をした。なかなかよい感触を得たのでさらに意地悪義母と意地悪姉妹の３重唱の部分と繊細な技法が使われている最後のマーチの部分も続けて聞いてもらった。[41]イェシュニッツァー兄弟も大変このオペラを気に入ってくれ、劇場にこのオペラについて早速電報を入れてくれ、共にブレーメンへオーデションを受けに行くことになった。エルマンノは頭が混乱して取り乱し、心臓の音がやたらはっきりと脈打った。とにかく次の日の朝に旅立つことになり、読むのに時間がかかりそうな＜ナザレーのイエス＞と＜ワグナーのドラマ性＞という本を持って乗り込んだ。

　汽車の中で本に夢中になっていると、ついつい乗換えをしなくてはいけない駅を過ぎてしまい乗り過ごししてしまった。ハンブルグ行きに乗らなくてはいけないのにだいぶ過ぎてしまっていた。リネブルグでとりあえず降りて反対側のホームへ行きまた乗り換えの出来る駅まで戻った。そんな事件もあってブレーメンには８時間も遅れて着いてしまった。そこで先に着いていた劇場の監督にもその日は会えず一日遅れてしまった。遅れたことでオーデションも大幅に時間が削られてしまった。エルマンノに与えられた時間は短く、重要な部分だけを慎重に見てもらうだけだったのだが、ついには正式に契約することになった。しかも2000マルクの契約金が１回の公演に支払われると記されていた。これでエルマンノがこの作品にかけた労力も報われるのだ。エルマンノはこの結果にとても満足していた。今回はミュンヘンではなくフランクフルトに帰ることになっていた。帰りの汽車の中で＜ナザレーのイエス＞を読みながら、この先の《チェネレントラ》について考えていた。ついに念願の契約をしたのだが、規則ばかりの契約書でこの先どのようなことが起こるか

---

[41] 《チェネレントラ》は３幕で作られており、それぞれ１幕はチェネレントラの義母の家のキッチン、２幕は王宮、３幕は義母の家の中庭と王宮の議会室と４つの場面に分けられている。

内心好奇心に満ちて考えていた。

《チェネレントラ》はドイツ語で《アッシェンブレーデル》(灰かぶり娘)と訳し、内容も全てエルマンノ自信がドイツ語訳をした。ブレーメンでの公演は1902年1月31日に行われたのだが、大変な盛況ぶりで、各誌でもその成功を取り上げている。その後も連続して公演が開かれブレスラービア(Breslavia)ブリュン(Brünn)リンツ(Linz)で公演された。心優しいイェシュニッツァー劇場監督の兄弟もこの若い才能を発見したことに大いに誇りに思っていた。そしてシュピエローパー(Spieloper)[42]の作曲にも非常に才能があるのではないかと考え、エルマンノに勧めた。素直なエルマンノはすぐにかねてから大好きだった「コンメディア・リリカ」(叙情喜劇)にその手法も用いいれないか考えてすぐに、注目していたゴルドーニ(Goldoni)作品の再考をはじめた。そのことを早速ウィーンの出版会社ヴァインベルガー(Weinberger)[43]に電報を打ったのだが、他の作品の方向性を指摘された。ヴァインベルガー自身は丁度《チェネレントラ》公演のニュースをベルリンの新聞で読んでいた。そこで書かれていた見出しを見てすぐにエルマンノ・ヴォルフ＝フェラーリに会いたくなった。そしてヴァインベルガーは実際にエルマンノと会ってこの《チェネレントラ》を買い上げてくれ、また次の作品に取り組んでくれと申し出てくれた。

とにかくアラブの不死鳥の奇跡は起こったのだ。ミラノ発ではないが不幸も幸福のうちと考えるべきだ。「太陽はどこにも行けない」とも言うではないか。そしてまた2番目の出版社から話が来る。出版者の名前はラーター"Rahter"、出版の多くは小さなコンサートのための楽譜で、それこそこれまでためてきたヴォルフ＝フェラーリの作曲した室内楽が役に立ちそうだ。ライプツィヒのラーター社は彼のすべての室内楽を買い上げてくれた、ここでの《4つのリスペット》"Quattro Rispetti"は後に名声を得た作品である。また2000マルクを前払いでもらった。他にヴォルフ＝フェラーリの作曲したピアノ3重唱ニ長調もあったが、この作品はすでにロイカルト社が買っており、現在はトーミ・ベルク出版社が版権を持っている。

そして《ラ・ヴィータ・ヌオーヴァ》(新生)が完成する。この曲は昔の芸術と栄光を呼び戻してくれる一曲のオラトリオでどのようにこの曲を発表しようか悩んでいた。またここでも良い話が持ち出された、フランツ・リストの弟子でミュンヘン

---

[42] ジングシュピールから進化した説明や会話しながら進める喜劇的なオペラ、ヴォルフ＝フェラーリの言葉を使うオペラの技術は既にこの作品から秀でていた。

[43] Josef Weinberger (1855-1928) 1885年にウィーンで音楽書籍店から始め、1890年には出版社としてウィーンの重要な作曲家の出版譜面を発行し、ウィーンのオペレッタにおいてヨハン・シュトラウスやレハールの作品に力を入れ、現在も著作権を管理している。その後1889年よりライプツィヒに本社を構えた後、現在はロンドンに本社とフランクフルトとウィーンに支社を構えながら劇作品にも力を入れている。

において有名な合唱団を教えているモルト・ポルゲス（Morto Porges）がヴォルフ＝フェラーリの手助けをしてくれた。この作品を公演するに当たって実質的な予算や練習などをどうやって進めてゆくか、劇場が全てやってくれるオペラとは違い、そこが難しかった。《ラ・ヴィータ・ヌオーヴァ》は1903年2月21日大衆劇場トーンハッレにて初演された。これは大変な盛況を受け、作品としても高い評価を受けた。たくさんの客が絶賛の言葉や花束などくれる中、ヴォルフ＝フェラーリにとってこの日は衝撃的な出来事だった。この成功は本物であり、この成功は世界中に向けて発信されたひとつのメッセージとなったのだ。その後もこの演目は世界中で500以上も公演されるが、イタリアではヴェネツィアでたったの1回、ミラノでは初演から大変遅れて1932年にスカラで演奏された。イタリアを愛したエルマンノ、音楽の女神はどうしてもヴェネツィアで育った彼に微笑んでくれなかった。

エルマンノ・ヴォルフ＝フェラーリの生涯　1－9
ヴェネツィア再び

　《チェネレントラ》と《ラ・ヴィータ・ノーヴァ》や室内楽のお陰でイタリアでもいろいろな人から評価されるようになった。イタリアでのヴォルフ＝フェラーリの名誉回復はベネデット・マルチェッロ音楽院にも知れ渡った。そこで音楽院長のマルコ・ボッシがボローニャ音楽院へ指揮科専任の話と共に空席が出来た。[44]そこでヴェネツィア生まれでもある彼にマルコ・ボッシの代わりに音楽院院長の話が来た
　ヴォルフ＝フェラーリは正当な音楽教育を十分に受けていなく、その才能も天性のものだったので教育現場への推薦について少し疑っていた。しかしたくさんの友人たちが彼を推薦した、セルナジョット伯爵（Sernagiotto）、マエストロ・カラショーネ（Calascione）、市立楽団の指揮者、マリオ・パスコラート、ガゼッタ紙の編集長、または親族や両親からの温かい支えがあってからこその推薦だった。しかしブレーメンの成功はドイツでの名声だったのになぜヴェネツィアなのだろうか。彼の疑問はもっともだったが、ついにヴォルフーフェラーリはマルチェッロ音楽院の音楽院長になる。この話の影にはアリーゴ・ボーイトの力添えもあった。1903年1月17日のマルチェッロ音楽院への手紙にこう書かれていた。「エルマンノ・ヴォルフ＝フェラーリはいうならば正当なイタリア音楽の教育を受けてはいないが、素晴ら

---

[44] Marco Enrico Bossi（1861-1925）イタリアのオルガン奏者、作曲家、1895年から1902年までヴェネツィア、1902年から1911年までボローニャの音楽院に勤めた。その後サンタ・チェチーリア音楽院で音楽監督を務めた。2005年にオペラ《マロンブラ》が音楽院の主催と共にボローニャ歌劇場で公演された。

しい音楽家としてはっきりと推薦できる。この天性とも言える才能は生まれつきのもので、まださらに勉強、仕事を続けて成長している。彼の持つドイツ人の血とイタリア人の血の混ざった音楽環境は当然他の作曲家のように素晴らしい作品を捻出している。彼の音楽への熱望はまるで当たり前のように素晴らしい曲を作曲し、とても分かりやすい現代音楽であり、枠にとらわれすぎない良い部分も持ち合わせている。つまり彼は芸術家として気品に溢れた情熱と詩人の心を持ち合わせている作曲家なのだ。」

ヴォルフ＝フェラーリは作曲家の先生のような立場もとりながら音楽院長の仕事をした。中には直接答えられない学生の疑問もあったが、彼は学生の質問に対して正確に答える事はしなかった。学生自身が解決まで自力でたどり着けるように助言を与えるようなタイプの先生であった。良いメソッドを持っていて指導することにふさわしい先生はたくさんいたのだから。

エルマンノ・ヴォルフ＝フェラーリの生涯　1－10
ゴルドーニとの出会い

　1901年1月10日、マスカーニによってコンメディア・デラルテを基に作られたオペラ《仮面》"Le Maschere"[45]がミラノ、トリノ、ヴェネツィア、ヴェローナ、ローマ、ジェノヴァ、ナポリ（2日後）のイタリア7大都市で公演された。台本はゴルドーニではなかったが、オペラ・ブッファ作品としてソンツォーニョ音楽出版社の企画した一大イベントであった。そんな時代にヴォルフ＝フェラーリはミュンヘン・コルテ劇場によく通いゴルドーニ作品の喜劇を見に行っていた。ヴォルフ＝フェラーリはゴルドーニ作品をまず一人の客として楽しむことから始まった。そうして少しずつこれらの作品に歩み寄り、自らゴルドーニ作品の台本をオペラ化したくなっていったのだ。そうしてルイージ・スガーナによってゴルドーニ原作《好奇心の強い女たち》"Le Donne Curiose"の台本、ヴォルフ＝フェラーリによってモーツァルトサイズの弦楽編成で作曲し、はつらつとしたオペラ・ブッファ作品が出来上がった。しかし当時はソンツォーニョ音楽出版社によってマスカーニ《仮面》を一大イベントとして企画したのにも、あまり利益が上がらず、結局はコンメディア・デラ

---

[45] ルイージ・イリッカによる台本で作られたオペラ・ブッファ、コンメディア・ラルテを用いたキャラクターを使い大々的に公演された。初演は1901年1月17日ヴェネツィア・フェニーチェ劇場で行われた。初演は好調だったが長続きしなかった。

ルテを基としたこうした作品は時代にそぐわないと各音楽出版者は考え始めたので、イタリアの劇場ではこの《好奇心の強い女たち》を取り扱ってくれなかった。しかもヴォルフ＝フェラーリは前回ヴェネツィア・フェニーチェ劇場で《チェネレントラ》を公演し失敗しているのだ。結局彼はイタリアでの初演はあきらめ、《チェネレントラ》をドイツ語に翻訳してブレーメンにて公演し、成功したことの記憶が新しいドイツに作品を持っていくことにした。当時からドイツではヴォルフ＝フェラーリの評価は高く、まず彼の第二の故郷であったミュンヘンのレジデンス・テアターがこの作品に興味をもってくれた。早速ドイツ語に翻訳し1903年11月22日に初演された。この《好奇心の強い女たち》は瞬く間にドイツ中で話題となり、すぐに別の劇場からもオファーが来た。エッセン、ベルリンではハンス・プフィッツナー[46]が、ウィーンではマーラー[47]が、ライプツィヒではニキシュ[48]がこの作品を取り上げてくれた。どこも反響は素晴らしく、聴衆が楽しめるだけの起承転結が明確にあり、ワグナーの影響をしっかりと評価された。完成度の高いうえに聴衆も楽しめるオペラ・ブッファはドイツで大変人気となった。

　一方イタリアでは1903年7月にヴェネツィアのベネデット・マルチェッロ音楽院の院長に就任していたのだが、虚しくもイタリアの劇場も聴衆も、海外からの作品が輸入され溢れている時代にヴォルフ＝フェラーリの作品に商業的なメリットを見出すことはなかった。

　しかしヴォルフ＝フェラーリはドイツでゴルドーニ原作作品を成功させたので、台本作者のスガーナと共にゴルドーニ作品を再び作りたいという意欲を持ち続けていた。彼の持ってきた作品は《4人の田舎者》"I Quattro Rustighi"というタイトル、ヴェネツィア方言を用いた作品だった。4人の気難しい男が主役の物語で、ヴォルフ＝フェラーリには到底イメージできない作品だった。この作品をオペラにするには多くの難題が待ち受けていた。

　ある日白黒の彼の祖父の結婚写真が目に入った。伝統的な儀式の服装に、お下げ髪、フード付の服に帽子をかぶっていた。いかにも頑固そうな風貌だった。この写真を見てすぐにヴォルフ＝フェラーリはスガーナに連絡をした。そしていつものカ

---

[46] Hans Erich Pfitzner（1869-1949）ドイツの作曲家、指揮者。1897年ベルリン・シュテルン音楽院に赴任、1903年にベルリン西武劇場の学長に就任している。その後グスタフ・マーラーが監督するウィーン宮廷劇場において≪愛の園のバラ≫を発表。1908年にシュトラーブルグ歌劇場の音楽監督を務めた。

[47] Gustav Mahler（1860-1911）オーストリアの作曲家、指揮者。1885年にプラハのドイツ劇場、1886年にライプツィヒの各楽長を務めた後ブダペスト王立劇場の芸術監督となる。1891年ハンブルグ歌劇場の第一楽長、1898年にはウィーン宮廷歌劇場の芸術監督に就任した。

[48] Nikisch Artùr（1855-1922）ハンガリー出身、ドイツで活躍した指揮者。ライプツィヒ歌劇場、ゲヴァントハウス管弦楽団、ベルリン・フィルハーモニー管弦楽団の常任指揮者を務め、リヒャルト・シュトラウス、マーラー、チャイコフスキーの作品を積極的に演奏した。

フェ・ダンテに行き、スガーナと落ち合い、スガーナはいつもの好物"Fritolin"（ポレンタと魚のフライ）を信じられないほど頼み、この作品に取り組めることを大いに喜び、二人でお祝いをした。そしていつものように劇場へ行き、途中でグリマーニ・ヴェネツィア市長と落ち合い、以前から仲があまり良くなかった市長からコニャックを奢ってもらい、仲直りの乾杯をして一気に飲み干したところで倒れて、そのまま帰らぬ人となった。ヴォルフ＝フェラーリは悲しみに暮れ、唯一理解のある親友を失ってしまったことに嘆いた。

　しかしある日、スガーナにそっくりの男を発見する。服装も帽子もひげもそっくりであった。その男は自分をジュゼッペ・ピッツォラートと名乗った。画家で俳優そして詩人だった。彼はスガーナから台本の書下ろしを手伝っていたというのだ。そしてヴォルフ＝フェラーリは彼をスガーナの後継者に選び、再び《4人の田舎者》の製作に取り掛かった。作品は意外にも早く仕上がり、新しい台本作家ピッツォラートも慣れ親しんだヴェネツィア方言を台本に忠実に起用した。音楽も《ファルスタッフ》の影響を多く受け、言葉と音楽の関係性を重視した作品となり、番号付オペラのように物語を中断させる大きなアリアは用いずに、ワグナーのように物語を全幕通して演奏されるスタイルを使っている。こうした作風は当時イタリアで流行っていた、プッチーニやマスカーニ作品の美しいアリアなどを用いて聴衆に印象づけさせる作品とは対照的で、ワグナー派の作曲家が用いていた作風であった。ドイツでは先にアリアを独立化せずに物語の進行を重視したオペラに聴衆も慣れ親しんでいて、ヴォルフ＝フェラーリの作品も受け入れやすかった、こういったところもあって、さらにドイツの聴衆に人気を得ていった。そうして《4人の田舎者》もミュンヘン・ホーフ・テアターにて1906年12月4日に初演され、大成功を収めた。このときの指揮者が当時ドイツで人気を得ていたフェリックス・モトルで後に《スザンナの秘密》の初演を担当する指揮者になる。

エルマンノ・ヴォルフ＝フェラーリの生涯　1－11
マリピエーロとの出会い

　この時代イタリアにはプッチーニ、マスカーニ、ジョルダーノ、チレア、マンチネッリ、ズガンバーティ、キレゾッティ、そして若いピッツェッティ、マリピエーロ、バスティアネッリといった作曲家たちが共にイタリア音楽の歴史を築いていた。

　1908年の7月の初めにヴォルフ＝フェラーリはヴェネツィアでマリピエーロ "Gian Francesco Malipiero"（1882－1973）と会っている。この数週間前のフェッラ

ーラ・イタリア音楽学会の設立の際にマエストロ・プレイテ[49]からの紹介を受けてこの面会が実現したのだ。ヴォルフ＝フェラーリは彼に対して始めはドイツ人のように口が重たかったが、徐々にイタリアにおける音楽の現状について口を開き始めた。

　ヴォルフ＝フェラーリは決して当時のイタリア音楽の傾向に満足しておらず、むしろ現代音楽の流行を求める音楽家、新しい音楽を求める音楽家がイタリアに多いことが問題だと考えていると話した。シュトラウスの音楽やドビュッシーの音楽を真似しようと思っても、彼らがその国で得たごく自然に生まれた音楽を真似る事はできない、ほとんどのイタリア人作曲家は不自然に頭で考えすぎてしまって、細かいことに執着してしまうことでイタリアらしい自然な発想が出来なくなってしまっている。歌手で言うと、息を体の中に取り入れて吐くことによって、声が出るくらいシンプルなことが出来ていないと同じだ。考えすぎるのは自由だが音楽とはいえなくなってしまうといった考えをマリピエーロに話した。ヴォルフ＝フェラーリはまたイタリアの音楽に真実性が欠けているとも話し、国が持つ芸術の特徴を掴むことで真実は美しさに変わり、イタリア語を知らない人が、イタリアらしい美しい音楽を作る事は不可能だ。それはドイツでも同じことなのだとさらに熱く語った。他には音楽院の不便さ、作曲について、ミュンヘンの道が改修されている事の問題点など、多くのことをマリピエーロと話した。

　丁度その頃、作曲に取り掛かろうとしていたのが《スザンナの秘密》"Il Segreto di Susanna"である。2,3人の登場人物で演技だけの役を入れて、軽いオペラ、でもしっかりと構成され、オーケストラも厚く、簡潔でよく整理された作品にしたいと考えていた。テキストもフランスの民話から笑劇を選んで、熟練した台本作家ゴリシャーニに翻訳構成を頼み、伝統的な手法、インテルメッツォを用いて作曲した。

　同時にもう一つ3幕もののオペラにも着想していた。実際に起こった一人の知恵のない男が村の信仰を受けていたマドンナの宝石を盗む事件を基にした話《マドンナの宝石》"I Gioielli della Madonna"だ。ヴォルフ＝フェラーリが好きだったナポリを舞台に設定し、喜劇ではなく悲劇として、今まで使っていた言葉の対話的手法をとらないオペラを作曲することにした。この作品もゴリシャーニに台本を依頼していたが、始めの草稿があまり気に入らなかったのでカルロ・ザンガリーニ[50]に再考案を頼むことになった。

---

[49] Carmelo Preite（1866-1952）イタリアの指揮者。ヴェネツィア楽団（ブラスバンド）の指揮者として活躍した。
[50] Carlo Zangarini（1873-1943）詩人、台本作家、イタリアの演出家。レオンカヴァッロの《ザザ》、プッチーニの《西部の娘》の台本も担当した。

ヴォルフ＝フェラーリの生涯　1－12
《スザンナの秘密》の大成功

　1909 年 6 月の学期末にヴォルフ＝フェラーリは音楽院に辞職願を出した。それでも 6 年間学院長を務めたが、やはり体質に合わなかったのだ。《スザンナの秘密》"Il Segreto di Susanna"を古くから交友のあるワインベルガー音楽出版社に持っていったところ、この時代にインテルメッツォが流行るかどうか、かなり難色をもたれた。ワインベルガーは一緒に持ち込んだ《マドンナの宝石》"I Gioielli della Madonna"の方に興味を持ち、ヴォルフ＝フェラーリに演奏を願った。ヴォルフ＝フェラーリは《マドンナの宝石》の美しい旋律の演奏から次第に《スザンナの秘密》の美しい旋律へつなげて演奏し、ついにヴォルフ＝フェラーリの熱い説得でワインベルガーは両作品の版権を買う事になった。そして《4 人の田舎者》で成功を収めたミュンヘン・ホーフ・テアターが《スザンナの秘密》の初演を受けてくれ 1909 年 12 月 4 日、指揮にフェリックス・モトルを迎え初演した。この公演はいまだかつてないほどの大成功を収めた。批評も『この作品はとても特質で、今まで私の知っているオペラ作品の中で最もワグナーの影響を受けている』と好評を受け、1909 年から 1911 年までの間に 30 の劇場で公演されることになる人気作品となった。イタリア初演はローマ・コスタンツィ劇場にて 1911 年 11 月 27 日に実施され、非常にイタリア的でヴェルディの《ファルスタッフ》の影響を最も受けている作品だと評価された。そしてついにヴォルフ＝フェラーリはイタリア人作曲家として始めてイタリアで認められることとなった。ついに当時人気を博していた指揮者トスカニーニも彼の作品を認め、1911 年 3 月に海を越えてニューヨーク・メトロポリタン歌劇場へ海外公演の夢に繋がることになる。

　少しさかのぼって 1907 年 10 月にニューヨークのカーネギーホールにてヴォルフ＝フェラーリの《新生》が公演されていた。当時の批評では『この 30 年間の公演の中で最も重要な演目であった』と好評を得ている。だがそれ以上の年が経っていてもこの事は語り継がれることとなった。そこで持ち上がった話が《好奇心の強い女たち》のメトロポリタン歌劇場公演である。しかしこの公演の夢はあえなく潰れてしまう。おそらく当時のメトロポリタン歌劇場公演の運営を担当していたドイツの

運営会社ディペル[51]とイタリア人興行主カザッツァ・ガッティ[52]が決裂したからではないだろうか。《スザンナの秘密》が予想に反した成功を収めたのはカンパニーニ[53]の起した奇跡で、アメリカでは受けないと決め付けてしまったからである。しかし1912年1月4日トスカニーニは自らの指揮で《好奇心の強い女たち》をメトロポリタン歌劇場で公演し、名演をすることになる。その数日後1月16日についにシカゴ・アウディトリウムでカンパニーニ指揮≪マドンナの宝石≫のアメリカ初演を実現した。これは1911年12月23日ベルリン・クーアフィルシュテン劇場、フリッツ・ライナー[54]による指揮で大成功した初演の翌年のことである。この二つ公演はヴォルフ＝フェラーリも立ち会っており、後の心に残る公演の一つとしてトスカニーニの名演を述べている。

エルマンノ・ヴォルフ＝フェラーリの生涯　1－13
イタリアで認められる

アメリカでの大成功が1912年2月14日コリエーレ・デッラ・セーラ紙[55]にフェリーチェ・フェレーロ（Felice Ferrero）の記事に2段抜きでこう書かれている。『イタリアでは無名、ドイツとオーストリアでは彼の才能が認められて高い評価を受けた作曲家、アメリカの公演を大成功で収める』そしてついにミラノ・スカラ座にて1913年1月19日《好奇心の強い女たち》が公演される。ついにイタリアで最も重要な歌劇場に認められた。思えばアリーゴ・ボーイトの推薦があったにも、リコルディにも見放され、イタリアの歌劇場では彼の作品に見向きもしていなかったが、

---

[51] Andreas Dippel（1866-1932）ドイツのテノール、興行主 1908年から1910年までカザッツァと共同興行主であったがその後独立シカゴグランドオペラカンパニーに移籍、その後独立した。歌手としてはレオンカヴァッロの≪ラ・ボエーム≫マルチェッロ役の初演、ロンドン・ロイヤルオペラや、メトロポリタンオペラにも多数出演している。

[52] Giulio Gatti Casazza（1869-1940）イタリアの劇場支配人、フェラーラ歌劇場支配人を始めにスカラ歌劇場を経てメトロポリタン歌劇場に勤める。オペラ黄金時代を駆け巡った興行主。

[53] Cleofonte Campanini(1860-1919)イタリアの指揮者、1883年にメトロポリタン歌劇場でデビュー1884年にはボーイトの≪メフィストーフェレ≫の指揮を勤めた。トスカニーニと同じようにスカラ座で多くのオペラの指揮を振り成功に導き、1904年≪蝶々夫人≫の初演を指揮した。

[54] Fritz Reiner（1888-1963）ブタペスト出身のオペラ、交響曲の指揮者。1921年までドレスデン国立歌劇場で指揮者を務め渡米、シンシナティ交響楽団の音楽監督を務めてピッツバーグ交響楽団音楽監督を経てメトロポリタン歌劇場の指揮者として1953年まで勤めた。

[55] Corriere della Sera はイタリアで最も古い日刊紙、1876年3月5日に創刊。所在地はミラノ。

ようやくこの舞台に招待されたのだ。この日の公演記事がジュリオ・バス[56]によって1月25日のムジカ紙に掲載されている。『もう音楽家も聴衆も聞くだけ、知っているだけではいけない状況だ、イタリア芸術に不安定な希望が溢れる中、ヴォルフ＝フェラーリは最も重要な作曲家である。彼はしっかりとしたスタイルを持つ偉大な芸術家だ。そして今、音楽家も聴衆も偉大な彼のことを劇場に迎え入れた。それはドイツよりも、イギリスよりも、アメリカよりも遅かったが、幸いこの場所で真実を受け止めることが出来た。それはつまり音楽出版社も同じようにこの事を知ったのだ。この成功はわが国の財産として後世に残ることだろう。なぜならヴォルフ＝フェラーリは純粋に、強くイタリア生まれであると述べているし、我々の作曲家でもあり創造者でもあるのだ。』発端は《スザンナの秘密》で、短い作品で、どの劇場でも簡単に公演できることが功を成して、ヨーロッパ中に作品の完成度を示し、このスカラ座公演につながった。《チェネレントラ》で消えかかっていたタバコはまるで聴衆を酔わせるために漂っているようだ。

そしてまた次の作品に取り掛かったヴォルフ＝フェラーリはゴルドーニ作品ではなく、モリエールの喜劇をオペラ化しようと考えた。題名は《恋のお医者様》"L'Amore Medico"で1913年12月4日にドレスデン・コルテ劇場にて初演された。

エルマンノ・ヴォルフ＝フェラーリの生涯　1－14
第1次世界大戦

《恋のお医者様》"L'Amore Medico"を1913年12月4日に初演し成功を収めてから、すぐにゴルドーニの喜劇に戻ろうと考え、その中から《扇》"Il Ventaglio"という作品に取り掛かろうとしていたが、ヨーロッパの雲行きが怪しくなってきた。1914年6月28日についにボスニアでサラエヴォ事件が発生する。7月28日にはオーストリア・ハンガリーがセルビアに宣戦布告、8月にはロシア、ドイツ、フランス、イギリス、日本が参戦、11月にはオスマン帝国が参戦、次々と戦争が起こり、世の中が暗くなってゆく。イタリアはまだ中立を保っていたのでその間にザンドナーイ"Riccardo Zandonai"が《フランチェスカ・ダ・リミニ》"Francesca da Rimini"、ジョルダーノ"Umberto Giordano"が《マダム・サン・ジェーヌ》"Madame Sans-Gêne"を発表するが、ヴォルフ＝フェラーリはその頃ドイツに住んでいたので、作品発表

---

[56] Giulio Bas(1874-1929)イタリアの作曲家、オルガニスト。ヴォルフ＝フェラーリとはヴェネツィア時代から交流があった。

どころではなかった。そしてついに1915年5月にルシタニア号事件でイタリアがオーストリア・ハンガリーに宣戦布告した。同じ頃、ローマ・サンタ・チェチーリア音楽院からスタニスラオ・ファルキ[57]の後任で作曲の教授に呼ばれ、少し後にはミラノ音楽院からも教授へのポストが用意されたが、既にその責任を背負う自信を失っていた。

ヴォルフ＝フェラーリはこの不安定な時代に自分が敵国同士であるイタリア人とドイツ人のハーフであることに悩んでいた。1915年から1916年の間にはスイスに移住していた記録のみ残っているが、この頃の音楽家としての活動記録はほとんど残っていない。

1919年6月28日にヴェルサイユ条約と共に戦争が終わると、ヴォルフ＝フェラーリは徐々に音楽活動を再開した。そのころはミュンヘンの片田舎に家を構えていた。1920年に入るとヴォルフ＝フェラーリの作品が見直されるようになる。大きく取り上げられたのは《4人の田舎者》だった。まず1920年にローマ・コスタンツィ劇場から始まり、1921年1月8日に奪還したトリエステ・ヴェルディ劇場公演、1921年4月6日ボローニャ・コムナーレ劇場、4月13日パルマ・レージョ劇場、5月3日ロヴィーゴ・ソシャーレ劇場、5月28日にはブレーシャ・グランデ劇場、ベルガモ・ドニゼッティ劇場、ヴェローナ・フィラルモニコ劇場の3都市同時公演、1922年4月29日ミラノ・スカラ座、1923年5月2日ミラノ・スカラ座、1923年11月にはトリエステのポリテアーマ・ロッセッティにて、そして1923年11月17日には1911年に《スザンナの秘密》のイタリア初演を行ったローマ・コスタンツィ劇場にて再公演が行われた。その後も《4人の田舎者》はイタリア各地の劇場で合わせて40公演以上も上演した。まさに第1次世界大戦後のヴォルフ＝フェラーリ作品の人気は上々だった。終戦時にはもう彼は43歳になっており、終戦直後の人気絶頂期の1923年には47歳になっていた。そして戦時中に考えていたゴルドーニ・オペラの《扇》"Il ventaglio"もフォルツァーノに台本を頼み、《相思相愛の夫婦》"Gli Amanti Sposi"という題名に直してオペラ化した。着想から完成までの時間があったため原作から相当離れた台本となっているが、終戦後1925年2月19日、25年ぶりにヴォルフ＝フェラーリの教え子の一人であるピエロ・ファブローニ[58]が指揮を担当し、故郷ヴェネツィアのフェニーチェ劇場にてこの《相思相愛の夫婦》の初演をすることになった。大きな話題にはならなかったが、作品は成功した。もう一人重

---

[57] Stanislao Falchi（1851-1922）作曲家 1877年よりサンタ・チェチーリア合唱団の指導と作曲を担当し、1902年から1916年までサンタ・チェチーリア音楽高等学校の学長を務めた。

[58] Piero Fabbroni（1882-）ヴェネツィアのベネデット・マルチェッロ音楽院にてヴォルフ＝フェラーリのもと作曲法を学んだ。1913年パルマ・レージョ歌劇場《好奇心の強い女》、1914年スカラ座《4人の田舎者》のイタリア初演、特に1918年ボーイトの《メフィストーフェレ》のスカラ座初演の指揮を勤めた。

要な教え子のアドリアーノ・ルアルディ"Adriano Lualdi"が、師であるヴォルフ＝フェラーリの今回の作品《相思相愛の夫婦》は作風も音色も《新生》や《恋のお医者様》と言った作品から大きく進展しており、年代も1800年代、役柄も、また舞台となる場所もヴェネツィアでないことなども述べ、ヴォルフ＝フェラーリがまた新しい作品へ向かっていると書いた記事を残している。

エルマンノ・ヴォルフ＝フェラーリの生涯　1－15
《スライ》の功績

　ヴォルフ＝フェラーリが戦時中に書いていたオペラはもう一作あった。それは《チェネレントラ》のように寓話をオペラ化した作品で《天の羽衣》"Das Himmelskleid"という作品である。この作品は長い戦時中にかなり念入りに作られた作品の一つで167分の長作、ヴォルフ＝フェラーリの想像力の深さや精神的な認識なしでは語れない物語である。この時期ヴォルフ＝フェラーリはスイスに移っており、そこで台本まで自分で作っている。原作はペローの『ロバの皮』だが原作から大きく変わった内容となっている。1927年4月27日ミュンヘン国立劇場で初演されたが、戦後の作品として、想ったほど話題にならなかった。

　しかし同年、スカラ座定期公演1927-28に発表する新しいオペラ作品の依頼がヴォルフ＝フェラーリのもとに来た。すでに次の作品に取り掛かっていたヴォルフ＝フェラーリはシェイクスピアの『じゃじゃ馬ならし』を基にして作られた《スライ・または目覚めた熟睡男の伝説》"Sly,ovvero La leggenda del dormiente risvegliato"という作品をスカラ座に提案した。台本はジョヴァッキーノ・フォルツァーノ[59]、スカラ座の1927－28のシーズンに発表する作品だ。

　初演は1927年12月29日でエットーレ・パニッツァ"Ettore Panizza"[60]の指揮だった。主役のスライは当時絶大な人気があったアウレリアーノ・ペルティレ"Aureliano Pertile"が担当し、ブラーク役"Plake"にエルネスト・バディーニ"Ernesto Badini"やロザリーナ役"Rosalina"にイリス・アダミ・コラデッティ"Iris Adami Corrdetti"などヴォルフ＝フェラーリ作品の常連歌手も入っている。すぐに1928年

---

[59] Giovacchino Forzano（1884-1970）イタリアの台本作家、舞台監督、映画監督。他にもプッチーニの《ジャンニ・スキッキ》《修道女アンジェリカ》の台本を担当している。他にもレオンカヴァッロやフランケッティ、ジョルダーノなどヴェリズモ・オペラの台本を作成した。
[60] Ettore Panizza（1875-1967）アルゼンチンンの指揮者。主にリヒャルト・シュトラウスとワグナーの作品を指揮した。

2月12日トリノ・レージョ劇場、1928年10月13日ドイツ語上演でドイツツアー、1928年11月18日ミラノ・スカラ座、1928年トリエステ・ポリテアーマ・ロッセーティ、1929年1月19日にはヴェネツィア・フェニーチェ劇場と連続して公演が行われ、その記録を見ても、この初演の成功は確かな手ごたえを感じていることを物語っている。

　この二つの作品で情熱的で心揺さぶる旋律を描くことに成功し、ヴォルフ＝フェラーリの精神性がまたひとつ深くなるように、喜劇と風刺の中に彼の才能を確認すべき洗練された手法が使われている。まさにアドリアーノ・ルアルディ"Adriano Lualdi"[61]の批評に書かれていたようにヴォルフ＝フェラーリの新しい進歩がこの2つの作品に証明されている。

エルマンノ・ヴォルフ＝フェラーリの生涯　1－16
ゴルドーニ作品をもう一度

　ヴェネツィアで育ったヴォルフ＝フェラーリが同じくこの町を代表する劇作家ゴルドーニを題材にする事はごく自然なことであり、またゴルドーニの作品の魅力は永遠の若さへの憧れのように魅力的だった。丁度この時期にヴォルフ＝フェラーリはゴルドーニ作品の指定発注を受けていたこともあり、4作目のゴルドーニ作品を作曲することにした。題材は《抜け目のない未亡人》"La Vedova scaltra"である。台本はソンツォーニョ音楽出版社が1929年3月2日に買い取ったものでマリオ・ギザルベルティ[62]によって書かれたものだった。当時こういった未亡人をテーマにする劇は溢れていて、よくオペラやオペレッタでも喜劇の題材として使われていたので、案外簡単に作曲に取り掛かることができた。初演は1931年3月5日　ローマ・王立歌劇場で、大成功を収めている。その同じ年3月にジェノヴァ・カルロ・フェリーチェ劇場、4月にはミラノ・スカラ座、5月にはヴェネツィア・フェニーチェ劇場と連続してこのオペラを取り上げている。結局、《スライ》も《抜け目のない未亡人》も長年付き合ってきたワインベルガー音楽出版社ではなく、ソンツォーニョ音楽出版社が買い取ることになった。今やヴォルフ＝フェラーリ作品は名声と人気を得ていたのだ。

---

[61] Adriano Lualdi（1885-1971）作曲家・指揮者。サンタ・チェチーリア時代のヴォルフ＝フェラーリ門下としてトスカニーニやマスカーニと共に活躍した。
[62] Mario Ghisalberti（1902-1980）イタリアの台本作家、ゴルドーニ作品のヴェネツィア方言を使った台本を作成した。

そしてついに今まで相手にされていなかったリコルディ社からの依頼が舞い込んでくる。ヴォルフ＝フェラーリはこのときすでに 55 歳を過ぎていた。ゴルドーニ作品 5 作目は《イル・カンピエッロ》"Il campiello"[63]というヴェネツィアの小広場の出来事を題材にした喜劇をオペラにすることとなった。台本は前作と同様マリオ・ギザベルディによるものである。初演は 1936 年 2 月 12 日ミラノ・スカラ座に決まった。その時友人のルーチョ・ダンブラ[64]との話で『ゴルドーニ作品をまた書くことができるなんてとても嬉しい。特に歌うことにとても適しているヴェネツィア方言を用いて書く事はゴルドーニ作品の大きな可能性を図ることにもなる。第一作目の《好奇心の強い女》からもう 26 年も経っているのだ、私はまだ青年だった。今こうして《イル・カンピエッロ》を書いた私はもう 60 歳を迎えるのだ。それでもまだ私は青年のままなのだ。今も昔もそして未来も』とヴォルフ＝フェラーリは語っている。

ついに彼の生まれ育ったイタリアで最も重要なスカラ座から依頼を受ける夢が叶ったのだ。1913 年にスカラ座で始めて自分の作品が公演されてから実に 23 年も経っていた。そして彼の書いた《イル・カンピエッロ》初演は大成功を収める。その中でガスパリーナの歌うアリア「さようなら愛しのヴェネツィア」[65]は彼の作曲したアリアの中で最も有名になった。作風もプッチーニの《ジャンニ・スキッキ》"Gianni Schicchi"の「私の愛するお父さん」"O mio babbino caro"と同じように物語の進行する中、ソロで歌うパートを美しいアリアとして浮き出させる手法を用いて作られている。また《スザンナの秘密》以降の作品よりも明確で美しいモチーフを曲のいたるところに忍ばせており、全体の曲を通して親しみやすく聞くことができるのも、人気のある要因の一つであろう。

1935 年 2 月 12 日アルチェオ・トーニ[66]はイル・ポーポロ・ディターリア[67]紙にて「今日、芸術が移り変わっていく流行のように瞬く間に、変化している事に気がつかないまま信じ続ける人、傍観する人が多い－そんな中マエストロの作品は古くとも美しい魅了する言葉と安らぎを与え、温かいヴェネツィア方言に満ちている」と絶賛している。この作品でヴォルフ＝フェラーリ作品の特徴とも言える、リズムの速さ、音楽の流れの滑らかさ、意外性、多彩色の音色、生き生きとした音楽、ヴェネツィ

---

[63] カンピエッロとは教会に隣接した小さな広場を意味する。大きな広場はカンポ"Campo"となる。
[64] Lucio D'Ambra（1880-1939）小説家、イタリア映画のプロデューサー、監督。劇場関係の新聞記者もしていた。
[65] "Bondì Venezia cara"「さようなら愛しのヴェネツィア」は、ヴォルフ＝フェラーリが晩年ヴェネツィアに戻りそこで生涯を閉じ、その葬式でヴェネツィア市民と家族たちに見送られた曲として有名。
[66] Alceo Toni (1884-1969)作曲家、イタリアの音楽学者。ボローニャで学び、1936 年にミラノの音楽院で教鞭についた。主にマリピエーロやカゼッラの批評を数多く残している。
[67] Il Popolo d'Italia は 1914 年 11 月 15 日 1943 年 7 月 26 日まで発刊したイタリアの新聞

ア方言と「ファルスタッフ」や古典オペラを継承する言葉を音楽に当てる技術はまさに頂点に辿り着いたと言っても過言ではないだろう。

≪イル・カンピエッロ≫を手がける前 1931 年にヴォルフ＝フェラーリはモーツァルト作曲《イドメネオ》"Idomeneo"の校訂を行っている。≪イドメネオ≫を初演したキュビリエ歌劇場（ミュンヘン国立歌劇場）からの依頼で、イタリア語で書かれた《イドメネオ》を初演から 150 周年記念公演の演目のために 1845 年のドイツ語校訂版を、モーツァルト作品や新古典主義として古典作品に注目しているヴォルフ＝フェラーリに校訂をしてもらい時代に合ったドイツ語作品に書き直してもらいたいという内容だった。ヴォルフ＝フェラーリはもともと伝統的な手法を用いる作曲家で、ヴェリズモ・オペラや現代音楽の発展に逆行した立場を取っていたので、恐らくこういったモーツァルト作品を見直すことによって、この《イル・カンピエッロ》の成功に繋がったのではないだろうか。このオペラの後 1936 年に≪44 のリスペット≫という歌曲を作曲し、これまでのヴェネツィア方言ではなくトスカーナ方言のリスペット[68]をいくつか作っている。《イル・カンピエッロ》で勢いづいたスカラ座は 1937 年にまたもう一作品オペラを依頼した。そこで手がけた作品がロペ・ディ・ヴェーガというスペインの作家の原作をギザルベルディが台本を作成した《愚かな娘》"La Dama boba"という喜劇だった。この作品は前作の影響を受け、ヴォルフ＝フェラーリのスタイルの集大成のようなオペラに仕上がっている。1939 年 2 月 1 日の初演はあまり注目されなかったが、この作品は確実に彼自身の人間性や愛の深さを表す才能が音楽に満ちている[69]。

エルマンノ・ヴォルフ＝フェラーリの生涯　1－17
終幕

《愚かな娘》"La Dama boba"をスカラで公演した後、往年のヴォルフ＝フェラーリは 1939 年 8 月ザルツブルグ・モーツァルテウムの教授に任命される。若い頃から彼のオペラ作品は"モーツァルトの若き生まれ変わり"とか、"伝統的手法をうまく用いて‥"などの評価が多かった。またミュンヘンで《イドメネオ》の校訂をしたこ

---

[68] Rispetto リスペットは 6 行もしくは 8 行の俗謡詩、ヴォルフ＝フェラーリの用いたトスカーナ方言の詩集はヴォルフのイタリア歌曲集"Italisches Liederbuch"にもドイツ語に訳されて使われている。
[69] 1939 年 5 月 13 日に Mark Lothar に宛てた手紙には"第 2 幕の終わりにどのように人間の魂が愛から生まれているのか、愛とはそれから生じる全ての苦痛を引き受ける事、それだけだと表しています。"と書かれている。

ともあって、モーツァルト作品の理解力が優れている作曲家だと考えられ任命を受けたのだろう。1939 年ヴォルフ＝フェラーリは受難曲の作曲に時間をかけていた。トスカーナ方言のテキストに合唱とピアノ、ヴァイオリンのシンプルな編成の曲である。

当時は第二次世界大戦が勃発している最中であり、ドイツもファシズムで狂気だっていた。そんな中、彼はひっそりと後世の育成のため作曲法を教え続けていた。ドイツ軍の旗色が悪くなりかけていた 1943 年に 6 月 4 日にハノーファー州立劇場で《神々はテーベに》"Gli dei a Tebe"を初演するが、国が傾き始めている時だったので公演どころではなかった。1945 年に第二次世界大戦は終戦を迎え、ドイツ帝国は敗戦した。敗戦するとヴォルフ＝フェラーリはスイスの友人宅へ 1946 年 7 月から 1947 年 4 月まで過ごし、故郷であるヴェネツィアに戻ることになった。ヴェネツィアで久しぶりに兄弟や甥っ子たちと再会を果たし、すぐに交響曲《ヴェネツィアの教会》の作曲に入り、その作曲の最中心臓発作で 1948 年 1 月 23 日に突然帰らぬ人となった。ヴェネツィアに戻ってきて 1 年もしないうちの出来事だった。ヴォルフ＝フェラーリの葬式は 3000 人以上も集まり、ゴンドラに乗って運河を通りサンミケーレ島まで美しい花に囲まれて運ばれた。棺が通る箇所で集まった人たちが敬意を込めて≪イル・カンピエッロ≫の"Bondi cara Venezia"「さようなら愛しのヴェネツィア」の大合唱が響き渡った。[70]

---

[70] 1948 年 1 月 30 日のヴィルヘルミーナ"Wilhelmina Wolf=Ferrari"がアンナ・レーナ"Anna Rena Wolf=Ferrari"に宛てた手紙にはヴェネツィアの人々がこんなにマエストロのことを深く想ってくれた事に圧倒され胸に大きなハンマーで殴られたような衝撃を覚え涙が止まらなかった。彼を愛してくれた貴方がここにいなくてとてもさびしいです。と書かれている。

エルマンノ 16 歳の時の絵
<Raffaello de Renis "Ermanno Wolf=Ferrari, La sua vita d'artista" より>

ヴェルディと出会った時の印象
<Raffaello de Renis "Ermanno Wolf=Ferrari, La sua vita d'artista" より>

第二章　エルマンノ・ヴォルフ＝フェラーリの作品

主なオペラ作品について　2－1
≪好奇心の強い女たち≫

　1900年2月22日故郷ヴェネツィアでの初のオペラ初演≪チェネレントラ≫は彼が期待していたほどのデビューには値しなかった。しかしパスコラートの台本は素晴らしく、原作ペロー（Charles Perrault 1628-1703）の世界観をしっかりとらえていた。その頃の北イタリアではフンバーディングの≪ヘンゼルとグレーテル≫が話題となっており、ヴォルフ＝フェラーリはこのペローの原作に忠実に作った寓話が受け入れられると確信していた。音楽はR・シュトラウスやワグナーの影響を十分に受けた大きな編成を構えたオペラである。しかし24歳のヴォルフ＝フェラーリは劇場からサポートを受けながらも様々な制作に手を焼いた。丁度同年1月14日にはローマ・コスタンツィ劇場ではプッチーニによる≪トスカ≫が成功を収め、焦りもあったかもしれない。結局イタリアデビューは失敗となったが、この経験を得てヴォルフ＝フェラーリは大きく成長する。すぐさま器楽曲の作曲に打ち込み、敬愛するダンヌンツィオが崇拝するダンテの≪新生≫[71]をソプラノとバリトンを起用して作曲した。それらと同時に大幅に改訂した新しい≪チェネレントラ≫を1902年1月31日≪チェネレントラ≫ドイツ語改訂版としてブレーメン州立劇場にて初演し大成功を得た。この二年間は尊敬するヴェルディが亡くなったこともあり、若いヴォルフ＝フェラーリにとって大変苦しい時期だったであろう。

　すぐに新しいオペラの構想として、ヴェネツィアのコンメディア・デラルテを用いたゴルドーニ作品に注目した。すでにマスカーニが≪仮面≫というコンメディア・デラルテをテーマにしたオペラを発表し、先を越されてしまったが、それでもこのマイナーなゴルドーニ作品をオペラ化したかった。それは1753年に発表されたゴルドーニ原作の喜劇≪好奇心の強い女たち≫だった。

---

[71] ≪La vita nuova≫1902年ミュンヘン・トーンハッレ劇場にて初演。

題名：≪好奇心の強い女たち≫ "Le Donne curiose"
作曲：エルマンノ・ヴォルフ＝フェラーリ
原作：カルロ・ゴルドーニ
台本：ルイージ・スガーナ
初演：1903年11月27日　ミュンヘン・王室レジデンス劇場
時と場所：18世紀ヴェネツィア（原作ではボローニャ）
構成：3幕オペラ

登場人物；
OTTAVIO　　　オッターヴィオ（バス）温和な性格、ロザウラの父
BEATRICE　　　ベアトリーチェ（メゾソプラノ）妻、ロザウラの母
ROSAURA　　　ロザウラ（ソプラノ）
FLORINDO　　　フロリンド（テノール）ロザウラの婚約者
LERIO　　　　レーリオ（バリトン）短気な性格、エレオノーラの夫
ELEONORA　　エレオノーラ（ソプラノ）レーリオの妻、ベアトリーチェの友人
LEANDRO　　　レアンドロ（テノール）友人
FLAMMINIO　　フラミーノ（原作）⇒ASDRUBALE アズドゥルーバレ（テノール）友人
PANTALONE DE'BISOGNOSI 貧困のパンタローネ（バッソ・ブッフォ）ヴェネツィアの商人
CORALLINA　　コラッリーナ（原作）
　　　　　　　　　⇒COLOMBINA コロンビーナ（ソプラノ）オッターヴィオ家の小間使い
BRIGHELLA　　ブリゲッラ（原作のみ）
ARLECCHINO アルレッキーノ（バッソ・ブッフォ）
　　パンタローネの召使いコロンビーナに恋をしている。（原作ではオッターヴィオの召使い）
Un altro SERVITORE di OTTAVIO　もう一人のオッターヴィオの召使い（役者・ミモ）
SERVITORI di PANTALONE　パンタローネの召使い（原作のみ）

－以下オペラ作品のみの配役－
ALMORÒ　　　アルモロ（テノール）友人
ALVISE　　　アルヴィーゼ（テノール）友人
LUNARDO　　　ルナールド（バス）友人
MÒMOLO　　　モンモロ（バス）友人
MÈNAGIO　　　メーナジョ（バス）友人

ゴルドーニによる原作序文；

La curiosità delle Donne è un argomento che viene dagli Uomini considerato sì vasto, che a molte e molte Commedie potrebbe somministrare l'intreccio. Quindi è che di questa mia alcuni contentati poco si sono, perchè ad un oggetto solo ho diretto la curiosità di quattro Femmine insieme. Questi però, che un così avido desiderio nutriscono di vedere in Scena moltiplicati delle Donne i difetti, mostrano di essere più curiosi di esse; ma si consolino, poichè non mascherà forse chi, la continuazione, e accozzando insieme una moltitudine di fattarelli, farà una composizione, a cui darà il titolo di Commedia. Io, che per quanto posso amo di conservare l'unità dell'azione, ho voluto ristringermi ad un solo motivo, e mi sembra bastantemente critico, per quell'idea che mi sono prefisso in mente.

　女性の好奇心は男性の大げさな用心深さがきっかけとなり、沢山の面白い出来事を引き起こす事があります。つまりこの私の内容を喜ぶ人は少ないでしょう。なぜならひとつの出来事に４人の女性が一緒に興味を持つ話を作ったのです。でもこれは、こんなにに飢えた欲求で、彼女らは沢山の女性の持つ欠点の場面を見て、心を満たし、どれだけ好奇心があるかを見せ合うのです。でも慰めるように・・そうして仮面を外してゆき、野獣のような群衆が一緒になり情報をかき集めてゆくのです。そうして組織化されてゆき、そこに喜劇の要素が与えられるでしょう。私は、このひとつの出来事を温め、どれだけ愛すことができるでしょう。ひとつの目的に絞っていきたかったのですが、この考えを前もって記憶するにはどうやら危機的な状況にあるようです。

あらすじ；

第一幕一場　女子禁制クラブのサロン
　ヴェネツィアのある館のサロンではオッターヴィオとレーニオをはじめとする男友人達がくつろいでいる、ことあるごとに皆で"友情を！"（L'amicizia!）と掛け声をあげる。男達は皆女子禁制だと言うことを強く言い合う。オッターヴィオの娘ロザウラと婚約中のフロリンドはこの規則が守れるかどうか訪ねると、最近は女どもがこの集会で何をしているか探ろうと好奇心むき出しにして困っていると打ち明ける。それぞれが自分の妻にどのように好奇心を持たせないかフロリンドに語るが、愛なくして冷たい態度はとれないと反論する。そこにオッターヴィオ、レーリオが常に

男性が主導権を握らなくてはいけないと言う。そこにパンタローネがやって来てフロリンドの結婚式は何時からだと訪ねると、レーリオが「今夜だ！」と言うので、言われるままパンタローネが今夜男性だけの分10人の食事を用意することになり、女子禁制の結婚式の計画を立てる。

第一幕第二場　オッターヴィオ家のある部屋
　オッターヴィオ家では妻と娘が男達の帰りをいらいらして待っている。そこにエレオノーラがやって来て"クラブに出入りしていることを突き止めた"と言う。"賭け事でも、女遊びでもなく、哲学談笑をしているのだ"と‥そこにコロンビーナが"全てわかったわ"とやって来る。彼女は"クラブで密かに錬金術を研究しているのだ"と言う。男達が集まって悪魔を呼び出しているというものだから大騒ぎする。そこにアルレッキーノが助けを求めてやってくる。彼はオッターヴィオが自分の主人に自分が女と一緒にいたことを告げ口され大目玉を食らったのだ。そこにつけ込んだ女達はクラブで男達が何をしているか追求する。アルレッキーノは女達の全ての問いに肯定してしまい逃げ出してしまう。女達はそれぞれの夫達に怒り出す。そんな時オッターヴィオが戻ってくる。ベアトリーチェはすっかり夫が賭け事で負けて帰ってきたと信じ込み、色々と聞くが"賭け事はしていない"と言う夫につじつまが合わないベアトリーチェは怒って出ていく。そこにフロリンドがロザウラを追って入ってくる。ロザウラもフロリンドがクラブですっかりいかがわしいことをしていると信じ込み、"婚約を解消する"とまで言い、フロリンドを攻める。そこにコロンビーナが入ってきて、言い合いの中でロザウラに"気絶したふりをしなさい"と助言する。気絶したロザウラを見て、"みんな貴方のせいよ"と言うものだから、フロリンドは"ロザウラのためなら死んでもいい"と言う。そこでコロンビーナは忍び込もうとしていたロザウラの代わりに私がその集会に行って、そこで見たことを報告すると提案すると、"女子禁制だ"と答える。では"男装したら良いでしょ"と言うことになり、ついにコロンビーナは"合い言葉は友情を！"だと聞き出し、今夜パーティがあること、特別な鍵ではいること、部屋の間取りなどを聞き出す。気絶したロザウラのコルセットを緩めようとするとフロリンドは恥ずかしがって逃げ去ってしまう。二人は"かわいそうなフロリンド"と言って笑い出す。

第二幕一場　　レーリオ家のある部屋
　エレオノーラが夫の上着のポケットを調べている。出てきたのはティシュに真新しい鍵二つ、メモが入っていた。夫のレーリオが帰ってくる気配がしたのでこっそ

りそのメモを戻す。どうしてもクラブで何をしているか聞き出したいエレオノーラはよくわからないことを聞き出してしまい短気なレーリオはついに怒りだし、大喧嘩をしてレーリオは出て行ってしまう。

第二幕二場　オッターヴィオ家のある部屋
　ロザウラとコロンビーナはフロリンドからうまく聞き出したことを話しているとそこにベアトリーチェがやってくる。"クラブの間取りは分かったけれども肝心な鍵がない"と言うと、ベアトリーチェが"鍵はある"と見せる。そこにオッターヴィオとフロリンドが帰ってくる。コロンビーナにコーヒーを頼んで追い払うと、娘ロザウラをたしなめる。ベアトリーチェは二人の古めかしい格好に文句を言うが、"旧友の騎士に逢いに行くのだ"と断固として着替えない。そこにコロンビーナが持ってきたコーヒーをこぼし、汚れた上着をもって洗濯すると出ていく、しばらくして上着に入っていた手袋、タバコ入れ、鍵、ハンカチを持って戻ってくる。オッターヴィオは仕方なく新しい上着を着て出かける。二人が出ていった後、コロンビーナは代わりに地下室の鍵を渡したとベアトリーチェと"私たちの勝ちよ"と言いながら出かける。留守を頼まれたロザウラはフロリンドへの心の内にしまっていた愛の歌を歌う。密かに聞いていたフロリンドも愛の歌を返し、"幸せの源は貴方"と二重唱となり幕となる。

第三幕一場　ヴェネツィアの運河が見える通り　左手に館がある。
　夕食の準備を進めていたパンタローネが館から出てきて、アルレッキーノに用事を頼む。運河には船に乗った人々がバルカローレを歌っている。一台のゴンドラからエレオノーラが降りてくる。クラブの入り口を確認すると不意にアルレッキーノに遭遇し、弾みで鍵を差し込んだまま忘れて逃げてしまう。気がつかなかったアルレッキーノは鍵を見つけて主人に返そうと持ったまま用事を済ませに行ってしまう。そこへ男装したコロンビーナとベアトリーチェがやって来てパンタローネと遭遇してしまう。そこで合い言葉"友情を！"と声かけられ答える。そのまま鍵について聞かれ、鍵を差し出すが、"誰から手に入れた"と捕まる。コロンビーナは慌てて合い言葉を繰り返すが、"女との友情はない"と怒鳴られた隙に、二人は逃げ出す。そこに鍵をなくしたレーリオと、鍵をすり替えられたオッターヴィオがやって来る。そしてフロリンドは今夜のパーティには参加できない旨説明に来る。結局鍵を持たない三人は仕方なくノックをする。パンタローネは持っていた鍵を"これは貴方の鍵ですか"というのでレーリオは怒り、オッターヴィオは笑い出す。フロリンドはロザウラに

だまされたと怒りを覚えているとそこへ仮面をつけたロザウラがやってくる。彼女が鍵を使うのを見て、"これが貴方の誠実な心なのですね！"と思わず怒ってしまい立ち去ってしまう。フロリンドのあまりの怒りに驚いたロザウラは本当に気を失ってしまう。そこに通りかかったアルレッキーノが彼女を助けているときにコロンビーナとベアトリーチェ、エレオノーラが戻って来て、目の当たりにしたベアトリーチェも気を失ってしまう。4人はアルレッキーノに助けを求めるが、首を横に振る。20 ゼッキーニとコロンビーナのキスにも負けず逃げ出そうとするアルレッキーノを追い詰めてついに鍵を手に入れる。ついにその鍵を持って館の中に入る。

第三幕第二場　女子禁制クラブにて

　パンタローネが結婚式の開始の挨拶をしている。"家の鍵も心の鍵も女達には与えない"という挨拶と共にアルレッキーノが食事の仕度ができたというので部屋に移る。その様子を盗み聞きしていた4人の女達もその部屋のガラス越しにこっそり移る。しかし賭け事でも、女遊びでも、哲学談笑でも錬金術でもないことが分かる。一同はこっそり帰ろうとするが、ロザウラはフロリンドがまだ怒ってないか心配だから様子を見てみたいと言い、こっそり盗み見すると、"すごいご馳走、12人いるわ"と言う、そこにアルレッキーノがパスタの皿を持ってくる。一同はあまりの美味しさに驚く、見つからないうちに帰ろうとするが、デザートは"庭に咲くお花のよう"と言うので一同大騒ぎ、あまりの騒ぎに男達も女達を見つけるが、ベアトリーチェとエレオノーラは夫に許しを請い、コロンビーナはアルレッキーノに平手打ちをし、愛し合うロザウラとフロリンド二重唱を奏で、皆で"友情を！"の合い言葉で幕が閉じる。

　このゴルドーニ作品をオペラ化するためにヴォルフ＝フェラーリは革新的な挑戦をする。世の中が現代音楽として無調の世界へ誘われようとしている最中モーツァルトやチマローザ、ペルゴレージなど若かれし頃に夢中になった古典的な音楽スタイルのオーケストラを編成し、18世紀の登場人物におなじみのコロンビーナやロザウラなどヴェネツィアにおけるコンメディア・デラルテのキャラクターを設定した。原作はボローニャの話として作られていたが、ヴェネツィアの色を全面的に出すためにヴェネト方言を交ぜ、全てのキャラクターの地域色を強くした。初演はヴェネツィアで行いたかったが、≪チェネレントラ≫の事もあって、断念し知り合いが多かったミュンヘンにて行うことになった。このサイズのオペラは国立劇場に隣接した王室レジデンス劇場が良いと言うことになり、全てドイツ語に直して初演し大成

功を収めた。この作品を世に送り出した重要人物にはマーラーやプフィッツナーなど著名な作曲家も多いが，その中にアルトゥーロ・トスカニーニがいる。彼はこの時代におけるヴェリズモ・オペラの傾向を問題視していた一人であった。彼はこのオペラを大変高く評価し、ニューヨークまで運んだ張本人だ。その話題は瞬く間に世界に広がり、ニューヨークでは"好奇心の強い女のヴォルフ＝フェラーリ"とされ注目され続け、ヨーロッパ各地で再演が繰り返された。その翌年にスカラ座でイタリア初演となるくらいイタリアでは観客重視のオペラ公演が繰り返されていたのである。

左 トスカニーニ指揮のメトロポリタン歌劇場 1911－1912 の公演ポスター
右 ≪好奇心の強い女たち≫の公演写真＜MarkLothar Briefe aus einem halben Jahrhundert; Ermanno Wolf-Ferrari, Langen Müller より＞

主なオペラ作品について　2－2
≪4人の田舎者≫

　4人の噂好きの女たちが大成功した後、すぐに作曲に取りかかったのは4人の頑固な男たちの話であった。原作はカルロ・ゴルドーニ作の「田舎者たち」"I Rusteghi"で、1760年にサン・ルーカ劇場[72]にてその年のカーニヴェル演目として初演された。当初の譜面には当時のヴェネツィア市長フィリッポ・グリマーニ伯爵(1850-1921)に当てた譜面だと書かれている。初演は1906年3月19日、場所はヴォルフ＝フェラーリの希望だったヴェネツィアでもミラノでもなく、ミュンヘン・ホーフ・テアターで行われ、初演の二日後にはベルリン国立劇場で再演された。1905年に≪好奇心の強い女たち≫はドイツ国内でわずか4ヶ月に75回も公演が繰り返され、この前作の成功はドイツ国内では評価されていたが、まだ国境の壁は厚くイタリアでは≪チェネレントラ≫の失敗を引きずっていた。このルスティギ"RUSTEGHI"というヴェネツィア特有の言葉だが、色々な邦訳が当てられている。≪4人の頑固者≫≪4人の哲学者≫だが、私はこの言葉に田舎者と訳している。実のところを言うと、その全ての中間に当てはまるような言葉[73]で、つまり"田舎の偏屈者"という意味を持っている。ゴルドーニはこの典型的なパンタローネの性格を4人集めた喜劇を作った。

題名；≪4人の田舎者≫"I Quattro Rusteghi"
作曲；エルマンノ・ヴォルフ＝フェラーリ
原作；カルロ・ゴルドーニ
台本；ジュゼッペ・ピッツォラート（ドイツ語翻訳；ヘルマン・タイブラー）
初演；1906年3月19日　ミュンヘン・ホーフ・テアター
時と場所；ヴェネツィア　1800年代
構成；3幕オペラ

---

[72] 現在のカルロ・ゴルドーニ劇場（1622年設立）
[73] "Rustego"はヴェネト方言辞書（ジュゼッペ・ボエリーオ著）によると"Rustico,nel significa di Ruvido,selvatico,di maniere aspre,detto per gli uomini"（田舎者、荒削りな人、非社交的な人、つっけんどんな人、男性のことを言う）とある。ドイツ語では"Grobiane"（無骨者）と訳されている。

登場人物；

CANCIANO　カンチャーノ　ヴェネツィア市民⇒CANCIAN（バス）
FELICIA　フェリーチア　カンチャーノの妻　⇒FELICE　フェリーチェ（ソプラノ）
IL CONTE RICCARDO　伯爵リッカールド（テノール）
LUNARDO　ルナールド　アンティークの商売人　（バス）
MARGARITA　マルガリータ　ルナールドの2人目の妻　（メゾソプラノ）
LUCIETTA　ルチェッタ　ルナールドの1人目の妻との娘　（ソプラノ）
SIMON　シモン　商売人（バスバリトンもしくはバス）
MARINA　マリーナ　シモンの妻（原作）⇒フェリッペットの叔母
MAURIZIO　マウリーツィオ　マリーナの叔父（バスもしくはバスバリトン）
FELIPPETTO　フェリッペット　マウリーツィオの息子⇒FILIPETO　フィリペート（テノール）
〜以下オペラ作品のみの配役〜
EINE　JUNGE　MAGD　MARINAS　マリーナの若い召使い（メゾソプラノまたはソプラノ）

あらすじ；
第一幕一場　ルナールドの家の部屋
　ルチェッタは新しく来た母マルガリータと早くお嫁に行きたいとぼやいていると そこへ父ルナールドが帰ってくる。ルチェッタは謝肉祭のカーニバルに行きましょうと父に願うが、くだらないと言い放ち、ルナールドはこれからシモン、マウリーツィオ、カンチャンが来るので無理だと言う。がっかりしたルチェッタは部屋に戻る。ルナールドは娘とフィリペートを見合いもさせないで結婚させると妻に言い放ち、夫のあまりの身勝手さにあきれてマルガリータも出て行く。そこにマウリーツィオが息子のフィリペートとの結婚について話にやってくる。見合いくらいさせようかと言う話にルナールドは断固として必要ないと言い放ちマウリーツィオも納得する。

第一幕第二場　マリーナの家のテラスにて
　マリーナは洗濯を干しながら歌を歌っている。そこに甥のフィリペートがやってきて、見たことも会ったこともない女性と結婚させられると嘆いている。マリーナはその女性と会わせてあげると約束をすると、夫のシモンが現れ、"今夜は外食をす

る"というので、"どこに行くの？"と聞くが答えない。とにかくついてこいと言うシモンに対して不機嫌になって退場する。そこにカンチャーノ、その妻フェリーチェ、伯爵リッカールドがやってくる。3人の話題はもっぱらフェリペートとルチェッタの結婚についてである。"一度も会わせないで結婚させるなんてかわいそうだからなんとかしよう"と話し合っているとシモンが帰ってくる。つまらない話に機嫌の悪いシモンは伯爵の前でも態度の悪いので、マリーナはシモンにあきれ果て伯爵と立ち去ってしまう。

第二幕　ルナールドの家のサロン
　ルチェッタは良い夫が見つかるように祈っている。ルチェッタは着飾っているマルガリータを見て真珠の首飾りを一つもらう。そこにルナールドが現れせっかくもらった首飾りを取り上げてしまう。彼はマルガリータを派手に着飾るのを嫌がっているのだ。次いでマリーナとシモンが現れ、ルナールドのぼやきを聞くが、マリーナが反論して男と女の言い争いが始まる。女たちは"男はつまらない"と笑いながら立ち去り、男たちは"昔のおんなは良かった"と語り合う。そこにフェリーチェがやって来て男たちは立ち去り、マルガリータとマリーナはルチェッタに"もうじき花嫁になるのね"と話し始める。ルチェッタは"どんな人か見てみたい"と言うのでフェリーチェが"伯爵と一緒に女装してきますよ"と言い、そのときは私の義理の兄と妹ですと言えば良いと提案する。そうして女装したフェリペートとルチェッタはお互いの顔を見て一目で気に入る。そこにルナールドがやって来て、伯爵とフェリペートは急いで隠れる。フェリーチェはネズミが出たと嘘をつく。ルナールドは娘の結婚が決まったと言い、一同は大喜びする。ルナールドが花婿を紹介しようとすると、そこにマウリーツィオが"自分の息子が恐らく伯爵と出かけていなくなった"と言う。"あの伯爵はろくな奴ではない"と言うルナールドに怒った伯爵は飛び出して出てきて一同大騒ぎとなる。

第三幕　ルナールドの部屋
　男たちは自分の妻に勝手なことをされて怒っている。ルチェッタとフェリペートの結婚は後回しにしてどう処分してやろうかを考えていると、フェリーチェが出てきて、2人は罪がないし、お互いを気に入ったのだから早く結婚をさせてあげたら良いと男たちを宥める。男たちも次第に心を和らげてきたところに、女たちがやって来てしおらしく謝るので、ついに頑固な男たちも心を許す。そこにマウリーツィオとフェリペート、伯爵がやって来て、ルチェッタとフェリペートがお互い反省し

ている様子を見た女たちが 2 人の手をつながせて、幸せを誓う。男たちも目頭が熱くなったところで"さぁ食事だ"と照れ隠しに言い、残った 2 人がキスをして幕となる。

　このオペラは前作に増してヴェネツィア方言を起用している。前作の台本作家スガーナはこの 4 人の口うるさい男のオペラ構想に難色を示していた。渋々引き受けたこの仕事だが、彼はヴェネツィア近郊のトレヴィーゾ生まれで、大変マイペースな人なのでなかなか台本制作が進まなかった。そんな時、彼の行きつけのカフェ・ダンテで友人たちといつものようにお気に入りのポレンタと魚のフリットを食べ、ヴェネツィア市長のグリマーニと難しい話をして、コニャックを飲んで、勢いよくリキュールを飲んだところで突然倒れ 1904 年 3 月 27 日に戻らぬ人となってしまった。しかし困り果てたヴォルフ＝フェラーリはある日スガーナによく似た男に出会う。服装も帽子もひげもまさにそっくりだった。彼の名前はジュゼッペ・ピッツォラート、絵描きで俳優、詩人という肩書きだ。彼は愛情にあふれた詩を書く人で、作品は明瞭でヒューマニズムがあり洗練されていた。セルナジョット伯爵のいとこに当たる人で、ワグナーが≪トリスタンとイゾルテ≫の二幕を完成させたジュスティアニーニ宮殿に住んでいることが自慢だった。新たにヴェネツィア方言に通じた台本作家を起用してからというもの、≪4 人の田舎者≫は順調に仕上がった。この初演にイタリアの劇場が名乗り上げることはなく、ミュンヘンとベルリンが初演を競うことになった。当時名声を得ていた指揮者フェリックス・モトルが良い仕事をしてミュンヘンが初演の権利を勝ち取った。初演は大成功だったが、当時の批評には≪好奇心の強い女たち≫に非常に似ていると書かれている。

主なオペラ作品について　2－3
≪イドメネオ≫改訂版

　ヴォルフ＝フェラーリの偉業の一つとして既存オペラの改訂を 2 つ行っている。一つはガルッピの≪田舎の哲学者≫、そしてもう一つはモーツァルトの≪イドメネオ≫である。
　1931 年既にヨーロッパ各地、アメリカで名声を得ていたヴォルフ＝フェラーリは、1925 年『天の衣』をミュンヘン国立劇場で発表した後、以前から交流のあった国立

劇場の音楽監督を勤めていたクレメンス・フォン・フランケンシュタイン[74]らの影響で、劇場からオペラ・セーリア最高傑作と言われた『イドメネオ』の改訂を依頼される。内容は1781年にミュンヘンの謝肉祭のために初演した演目を再び150年後に蘇らせ、1845年にレンツによってドイツ語に訳されたものを、シュタールによって親しみやすく分かりやすいドイツ語訳に編纂する事だった。すでに著名な作曲家としてミュンヘンに住むヴォルフ＝フェラーリは新古典主義を提唱する一人として、イタリア古典作品やモーツァルト作品に目を向けており1904年には"モーツァルトの若き生まれ変わり"[75]と称されたこともあった。ウィーンではミュンヘン生まれのシュトラウスがこの『イドメネオ』改訂版を発表する事になっており、同年に初演することが決まっていた。ヴォルフ＝フェラーリ自身も敬愛するR・シュトラウスと同じ作品を改訂することに大きな意義を感じていたに違いない。

改訂する項目

ヴォルフ＝フェラーリ	R・シュトラウス
・レチタティーヴォのカット	・レチタティーヴォのカット
・場面数のカット（3幕6場）	・場面数のカット（3幕）
・番号付オペラの廃止	・エレットラをイズメーネに変更
・簡潔なドイツ語	・簡潔なドイツ語
・イダマンテの声種（テノール）	・イダマンテの声種（ソプラノ）
・古典的スタイルの維持	・新しい和声

まず全体の演奏時間を約3分の2まで短くするためにヴォルフ＝フェラーリが取った策は場面数を制限することだった。ヴァレスコ司祭の書いた台本の壮大なレチタティーヴォを大幅にカットし、アリアもカットしなくてはならなかった。また当時は母国語公演が主流となっていたので、聴衆にわかりやすいドイツ語にする必要があった。従来のレンツによるドイツ語訳は同じように長く、ヴォルフ＝フェラーリは本来のイタリア語に忠実な訳詞を作りたかった。この2つの作品は『イドメネ

---

[74] Clemens von Franckenstein（1875-1942）ドイツの作曲家、ウィーンの国立音楽院で学び、1901年に北アメリカのオーケストラの指揮者として勤め、1907年ヴィスバーデン王立歌劇場、1912年から1918年、1924年から1934年までミュンヘン・ホーフ歌劇場で音楽監督として勤めた。1934年にミュンヘン・オペラ・フェスティバルにおいて各歌劇場の音楽監督を務めた。

[75] ヴィルヘルム・マウケ"Wilhelm Mauke"（1867-1930）ドイツの作曲家による≪好奇心の強い女たち≫の評論記事で「モーツァルトの若き生まれ変わり」と評された。

オ』初演から 150 周年に当たる 1931 年に発表され、ウィーンとミュンヘンの劇場間で最も優れた作曲家がこのオリジナルの作品をいかにコンパクトにまとめるかが焦点となった。しかし両作品ともに違う手法でこの作品と向き合い、まったく新しい『イドメネオ』を作り上げることとなった。

当時のニューヨークタイムズの記事によると、"私は神聖なるモーツァルトに対する敬虔さなのか、シュトラウスに対する恐れなのか、パフォーマンスのためにこの『イドメネオ』をカットしたのか、ミュンヘンがこの親しみやすいイタリアから来た改訂版を受け入れたかどうかはわからない。"[76] と記されている。また"ミュンヘンはモーツァルトの『イドメネオ』を初演した後、この作品をあまり公演できなかったこともあり、劇場が抱えていた『イドメネオ』公演における責任と母国語公演が主流となっていた時代に合わせて、聴衆の要望に応える形として改訂されたと考えられる。しかしこの『イドメネオ』改訂版はイドメネオ 150 周年の改訂譜面としてまた埋もれてしまい、今日においてこのオリジナル作品が見直されるようになったのは 1940 年あたりからと考えられている。

題名；≪イドメネオ≫"IDOMENEO"
作曲；ヴォルフガング・アマデウス・モーツァルト
改訂；エルマンノ・ヴォルフ＝フェラーリ
台本；ジャンバッティスタ・ヴァレスコ
ドイツ語台本；エルンスト・レオポルド・シュタール
初演；1931 年 6 月 15 日　ミュンヘン・ホーフ・テアター
時と場所；トロイ戦争終結後のクレタ島
構成；3 幕 6 場

登場人物；
IDOMENEO　イドメネオ　クレタの王（英雄的なテノール）
IDAMANTES　イダマンテ　その息子　（叙情的なテノール）
ELEKTRA　エレットラ　アガメムノンの娘（ソプラノ）
ILIA　イリア　捕虜として捕らわれているクレタの王プリアムスの娘　（ソプラノ）
ARBACES　アルバーチェ　使者　（バリトン）
DER OBERPRIESTER DES POSEIDON　ポセイドンの大司祭（テノール）

---

[76] NewYorkTimes 1931.8.Sep by Herbert F.Peyser

DIE STIMME DES ORAKELS　神の声（バス）
Volk von Kreta. Schiffsvolk.Heimkehrende Krieger.Kriegsgefangene Trojaner
Priester, Tänzer und Tänzerinnen.Die Schatten der Opfer.Das Meeresungeheuer.
クレタ島の人々、乗組員、帰還兵、捕虜、トロイの木馬、司祭、踊り子、犠牲者の影、海の怪物

楽譜構成[77]；

序曲

第一幕第一場
①レチタティーヴォ（イリア）
②アリア（イリア）　Andante con moto　"Vater, Geschwister, lebt wohl nun,"
③レチタティーヴォ（イダマンテ・イリア）"Ha, der Geliebte,dort naht er selbst"
④アリア（イダマンテ）　Adagio maestoso　"Teures Wesen, wie kannst du zürnen"
⑤レチタティーヴォ（イリア・イドメネオ）"Weh dir, letzte Schar von Trojas Söhnen"
⑥合唱　Allegro con brio　"Durch Liebesbande strömt unserm Lande"
⑦レチタティーヴォ（エレットラ・イダマンテ・アルバーチェ）"Edler Fürst,"
⑧アッコンパニャート（エレットラ）Allegro　"So starbst du,"
⑨アリア（エレットラ）Allegro assai　"Euch ruf ich nun zu Hilfe"

第一幕第二場
⑩合唱　Allegro(a tempo)　"O helft! Götter herbei!"
⑪レチタティーヴォ（イドメネオ）"Leben, dich grüße ich!"
⑫アリア（イドメネオ）Andantino sostenuto　"Bei Nacht und bei Tage"
⑬レチタティーヴォ（イドメネオ・イダマンテ）"Himmel,was she ich?"
⑭アッコンパニャート（イドメネオ・イダマンテ）Presto　"Er ist der meine!"
⑮間奏　Presto
⑯合唱　Allegro energico　"Auf, preiset ihr Brüder"
⑰間奏　Tanz・Gavotte・Echo
⑱合唱　Allegro energico　"Auf,preiset ihr Brüder"

---

[77] 番号オペラではないので区切れる箇所を記載

第二幕第三場
①アリア（イリア）Andante sostenuto "Nun finde ich wieder die Heimat"
②アコンパニャート（イドメネオ）in tempo "Wie erglühte ihre Wange!"
③アコンパニャート（イドメネオ・エレットラ）Largo molto "Großer König!"
④アリア（エレットラ）Andante "Ach, mit dir, mein'Heißgeliebter,"
⑤間奏とレチタティーヴォ Marsch sostenuto "Horch! In weiter Ferne.."

第二幕第四場
⑥レチタティーヴォ（エレットラ）"Lebt wohl, ihr Ufer,"
⑦合唱（合唱・エレットラ）Andantino "Günstige Winde wehen,"
⑧レチタティーヴォ（イドメネオ・イダマンテ）"Furst, fahre glücklich!"
⑨3重唱（イダマンテ・エレットラ・イドメネオ）Andante con moto "Eh ich von dannen scheide,"
⑩合唱 Allegro "Barmherziger Himmel!"
⑪アコンパニャート（イドメネオ）Allegro "Mich greif allein,"
⑫合唱 Allegro assai "Entfliehet, enteilet dem schrecklichen Unhold"

第三幕第五場
①アリア（イリア）Andante grazioso "Frühlingslüfte leis'und linde,"
②アコンパニャート（イリア・イダマンテ）Allegro "Doch still, wer naht?"
③二重唱（イリア・イダマンテ）Larghetto "Helft mir tragen ihr guten Götter"
④アコンパニャート（イリア・イダマンテ・イドメネオ・エレットラ）Largo "Himmel, dein Vater!"
⑤四重唱・フィナーレ（イリア・イダマンテ・イドメネオ・エレットラ・アルバーチェ・大司祭・司祭）Allegro "So zieh ich fort nun einsam,"
⑥レチタティーヴォ（大司祭・イドメネオ）"Blikke umher o König"
⑦合唱（合唱・イドメネオ） Adagio "Weh'dir armer Vater,"
⑧合唱（合唱・大司祭・イダマンテ・イリア・イドメネオ・神の声）Come prima "O Gott gewähre Verzeihung,"
⑨アコンパニャート（イドメネオ）Adagio "Seht hier mein zweites Ich,"

第三幕第六場
⑩合唱 Andante sostenuto Passacaille "Steig'hernieder,"

モーツァルトの≪イドメネオ≫との大きな違いは、番号で区切られていないので、各幕切れまで音楽が繋がっている。そのためつなぎ箇所に新しい譜面を追加することになる。ヴォルフ＝フェラーリは配役に関しても基本的に原盤を元にしていて、話の進行も同じように進めている。全体的にはレチタティーヴォとアリアのカットを行っていて、特に第一幕はイダマンテのアリア"Il Padre adorato"の全曲カットと間奏曲のバレエ箇所を変更している。第二幕はアルバーチェのアリア"Se il tue duol"の全カット、イドメネオのアリア"Fuor del mar ho un mar in seno"も全カットしている。大幅に変更している箇所は第三幕の⑤で、四重唱からアルバーチェが入ってきて大司祭と合唱まで大きく編曲されている。最後のバレエ音楽も全てカットされている。ヴォルフ＝フェラーリはこの編集について以下のように述べている。

"ミュンヘンの州立劇場から私にこの依頼が来たとき、この神聖な作品に着手するべきか悩み、その必要性があるかどうか、また可能かどうか自分自身に問い正さなくてはいけませんでした。楽譜を見て私はこの素晴らしい音楽に改めて驚きました。25 歳の若さでこの作品を作るには様々な難題があったであろうとしても、ヴァレスコは詩人ではなく、モーツァルトよりもはるかに重要な人物でした。当然モーツァルトはこのテキストを構成する仕事をしたとしても作り直しを要求することはできなかったはずです。しかしその仕事は時代を超えて私の仕事となったのです。

　私は新しいテキストの構成をしましたが、音楽は可能な限り残し、新しい違和感が突出しないようにしました。その当時の風習として、アリアのために新しく歌詞を入れたりしなくてはいけなかった部分はカットをしました。大きな仕事として、3 幕の編纂には時間をかけました。この場面はモーツァルトの最も深い音楽を含んでいるのですが、私はヴァレスコの当てた言葉と音楽の内側にある言葉の分析をしました。もう一カ所はイダマンテの声種について、当時はカストラートが歌いましたが、1786 年のウィーン公演でテノールを起用したことを参考にアンサンブルを変更しました。最後に最も美しいバレエ音楽を幕の始まりと終わりに設定し、失われないようにするべきだと付け加えておきます。シュタール博士は言語学的にも失われたモーツァルトの言葉を蘇らせてくれるでしょう。この素晴らしい作品を再度生み出すことができるのであればこの上ない幸せを感じます。"

主なオペラ作品について　2−4
≪その他オペラ作品についての概要≫

《イレーネ》"Irene" １８９６年未発表作品

　この作品はヴォルフ＝フェラーリが、イタリアで音楽家として生きるためにはオペラの作曲をしなくてはいけないと心に決めて取り組んだ作品で、彼のオペラ処女作である。作品の詳細はなかなか手に入らないものではあるが、貴族青年のとの愛を守るために貞節を捧げた少女が結局青年に捨てられてしまい自殺してしまうという悲劇である。

　青年期のヴォルフ＝フェラーリがミュンヘン音楽アカデミーを卒業した後、台本を自ら作り作成した作品で、後にヴェルディとリコルディと出会った後、この作品の未熟さを自覚し発表を控えた作品である。この作品を作り断念したことのきっかけとしてヴェルディとリコルディとの出会いがある、彼が２人と出会ったときにリコルディに"フンバーディングの《ヘンゼルとグレーテル》はなぜ流行していると思うかね"という質問にヴォルフ＝フェラーリは満足に答えられなかったというエピソードがある。

《ラ・カマールゴ》"La Camargo" １８９７年未発表作品

原作：ド・ミュッセ　「火中の栗」
台本：マリア・ペッツェ＝パスコラート

　猿におだてられた猫が、いろりの中の栗を拾って大やけどしたという、ラ・フォンテーヌの寓話から、自分の利益にならないのに、他人のために危険を冒すたとえとして言う言葉が「火中の栗」である。ヴォルフ＝フェラーリはド・ミュッセによる劇"Les marrons du feu"に出てくるダンサー役のラ・カマールゴ（実在したダンサーでマリー・カマールゴ、ブリュッセル 1710 年 4 月 15 日−1770 年 4 月 28 日がモデルだと考えられる）と呼ばれる人物の話をオペラに書こうとしたのだが、先にカンツォーネを多数残しているナポリ出身のエンリーコ・デ・レーヴァ（1867-1955）が、スイス・チューリッヒで 1898 年 3 月 2 日に同名のオペラを発表してしまい断念した。

《チェネレントラ》 "Cenerentola"

１９００年２月２２日　ヴェネツィア・フェニーチェ劇場初演
原作：シャルル・ペロー
台本：マリア・ペッゼ＝パスコラート

　ヴォルフ＝フェラーリがかねてから童話の題材をオペラ化したいと思っていた事は確かで、特に以前ヴェルディとリコルディと会ったときの出来事も重なって、あのイタリアでも人気が高かった《ヘンゼルとグレーテル》のようなオーケストレーション、尊敬するワグナーの影響をしっかり受け継いでいる作品を自分も作ってみたかった。イタリアでの成功を求めてこのオペラを、同じく尊敬していたロッシーニの《ラ・チェネレントラ》よりもペローの童話に近づけて作曲する事は、自分への作曲家人生への挑戦でもあった。その成果、1007ページもあるスコアが出来上がり弦楽器、木管、ホルン４本、トランペット３本、トロンボーン３本、チューバ１本、ハープ２本という大きな編成で大長編を作り上げた。配役もロッシーニの《ラ・チェネレントラ》にはいなかった義母役、道化役など15役を設定し、3幕4場の大オペラである。ヴェネツィア初演は失敗したが、ドイツ語に全て訳してブレーメンにて1902年1月31日に再公演したときは大成功した。この作品からヴォルフ＝フェラーリのオペラに対するオーケストラ編成の特徴が固まり始めた。《スザンナの秘密》もホルン４本トランペット２本、トロンボーン３本と幕間劇として作られたのだが、総譜は223ページもある大型幕間劇が誕生した。

《好奇心の強い女たち》 "Le Donne Curiose"

１９０３年１１月２７日　ミュンヘン・レジデンス劇場初演
原作：カルロ・ゴルドーニ
台本：ルイージ・スガーナ

　初めてカルロ・ゴルドーニの作品をオペラに起用し、初演こそ場所に戸惑ったが、作品自体は劇場で評価されたオペラである。当時はプッチーニの《トスカ》や《ラ・ボエーム》など、ヴェリズモ・オペラと呼ばれる作品がヨーロッパで話題を呼んで上演されていた時期だったが、ヴォルフ＝フェラーリはゴルドーニの書いた１８世紀半ばの作品をオペラ化するために、尊敬していたモーツァルトやペルゴレージ、チマローザと言った作曲家の作風を使ったほうが良いと言う考え方を持ち、金管楽器を減らし、オーケストラを縮小した。そしてなるべく言葉を立たせるような音楽を目指し作曲した。伝統的なコンメディア・デラルテのストック・キャラクターたちが登場し、総勢１６役が設定されている。ヴェネツィアを舞台に3幕6場のオペ

ラで男性のための１２役と４役の女性の喜劇である。本来ならば初演はイタリアで行いたかったのだが、《チェネレントラ》の失敗もあり、ミュンヘンでの初演となった。全てドイツ語に訳し《Die Neugierigen Frauen》として初演された。ヴォルフ＝フェラーリはこのように常に試行錯誤を繰り返し、新しい作品を聴衆に発表することが流行オペラへの成功の道筋だと思っていた。初のゴルドーニ作品は意外と成功し、コミック・オペラへの自らの才能を確認した初めての作品であった。

《４人の田舎者》 "I Quattro Rustighi"
１９０６年３月１９日　ミュンヘン・ホーフ・テアター初演
原作：カルロ・ゴルドーニ
台本：ジュゼッペ・ピッツォラート

　《好奇心の強い女たち》の成功に、さらにゴルドーニ作品をオペラ化しようと取り組んだ２作目、この作品もミュンヘンでの初演ということになり《Die vier Grobiane》として初演された。その８年後にイタリア初演となるのだが、その初演の模様を１９１４年の６月３日のコリエーレ・デッラ・セーラには、以下の様に評価している。

　《４人の田舎者》はすでに同じ作曲家の《好奇心の強い女たち》でその実力を見せつけられていただけに特別な作品となった。しかし喜劇作品を作る腕も素晴らしく、短調の響きの強い繊細な演奏箇所などまるでまったく違う作品を聴いているようだった。つまり我々にとって不可能だと思うくらい相対的ではなく、現実味溢れた転調を成し遂げていたのだ。喜劇の要素として韻律やリズムがしっかりと演奏できるように作曲技術として持っていないと、小さな声でしゃべるシーンなどもしっかりと台詞が聞こえてこないなど問題が起きる。そういった点は前作の《好奇心の強い女たち》よりも構成をしっかりと考えてあり、効果的なカットや劇的に必要な部分を際立たせることにも成功している。伝統的な技法に忠実で、まさにそのことに関しては芸術的作品である（その点ではヴェルディもラルゴの部分で《ファルスタッフ》のモチーフを真似たことも喜んでいるだろう）。とにかくヴォルフ＝フェラーリは見事にファンタジーを想像し、素晴らしい音楽の色を持ち、それらを自らの完全な技術を操ることの出来る作曲家だ。またマエストロ・ヴォルフ＝フェラーリは構想にあるテーマを、まさに正しい小節に、いとも簡単に置くことが出来る作曲家だ。つまりこの作品は素晴らしい点がたくさんあることを証明できる。またオペラ全幕を通して微笑ましさや笑いが耐えないなど聴衆を魅了する作品だと言うことも保証できる。昨夜の公演も素晴らしくこの《４人の田舎者》に親愛を持ち何年間

もドイツで愛されて評価されていたと言うことを聴衆みんなが納得し同じようにあの大きな拍手を捧げたのだろう。

　イタリア初演は1914年6月2日ミラノ・リリコ劇場で、その後も続けて同年6月9日ヴェネツィア、6月14日ヴェローナ、6月18日トレヴィーゾ、6月21日マントヴァ、6月24日パドヴァで公演される。まさにマスカーニの《仮面》の国内6箇所演奏ツアーに匹敵する回数である。その後もイタリア国内だけでも1921年6月8日から1941年10月21日まで毎年1〜2回は必ず主要劇場でメインプログラムとして公演されている。(1930, 31, 34, 37, 39年以外)初演から1993年までソンツォーニョ音楽出版社の公演記録から約80回主要劇場での公演があったことが分かる。この作品には《スザンナの秘密》につながるモチーフの使い方や、軽快な台詞の言い回しのためのフレーズの作り方など、ヴォルフ＝フェラーリの《スザンナの秘密》のスタイルが確立しつつある印象を持たせている。

《スザンナの秘密》 "Il segreto di Susanna"
１９０９年１２月４日　　ミュンヘン・ホーフ・テアター初演
原作：フランスの民話
台本：エンリコ・ゴリシャーニ
＊公演記録参照

《マドンナの宝石》 "I Gioielli della Madonna"
１９１１年１２月２３日　　ベルリン・クーアフュルステン劇場初演
原作：ナポリ地方の民話、ヴォルフ＝フェラーリ
台本：カルロ・ザンガリーニ、エンリコ・ゴリシャーニ

　カルロ・ザンガリーニはボローニャ生まれ（1874–1943）なので、おそらくナポリ生まれのゴリシャーニがこの台本のために手を貸したのは、難解なナポリ方言の解釈のためであったであろう。これまでヴォルフ＝フェラーリは常に極端な題材とスタイルでオペラを作ってきた。壮大な長作で童話から作曲した《シンデレラ》からオーケストラを縮小しモーツァルトスタイルを目指した喜劇《好奇心の強い女たち》、ゴルドーニ原作オペラをさらに進化させた喜劇《4人の田舎者》、45分のインテルメッツォ喜劇《スザンナの秘密》、そしてこの《マドンナの宝石》は処女作《イレーネ》の屈辱を晴らすべく実質上初めての悲劇作品である。このオペラの間奏曲

は非常に有名で、世界中で演奏されることが多い作品である。20世紀初頭のナポリを舞台にしているのだが、大変美しい旋律が多く、兄弟の愛と嫉妬、そして信仰心強い町の悲劇とナポリの美しい町の風景を思わせる音楽とが微妙に重なり合い、ヴォルフ＝フェラーリの新しい魅力が詰まっている作品である。前作の《スザンナの秘密》とこの作品と聴いていると、マスカーニの影響を受けた美しい旋律を効果的にオペラに挿入している点とリズムの緊迫した場面にあるヴェルディ《ファルスタッフ》の影響を受けている点との融合は、ヴォルフ＝フェラーリが築いたイタリア・オペラの新しい方向性を暗示しているようだ。ヴォルフ＝フェラーリはアンチ・ヴェリズモを唱えた作曲家としても有名だが、この時代において流行と作風との戦いは壮絶であったであろうから、たくさんの作曲家からさまざまな知恵を盗まずにはいられない状況でもあったのだろう。しかし一見似ていても、内部の作曲手法に独特な技術を用いており、スコアを見たときにその手法の技術の高さに納得するのも彼ならではの表現の仕方だったのかもしれない。

《恋はお医者》"L'amore Medico"
１９１３年１２月４日　ドレスデン・コルテ劇場初演
原作：モリエールの喜劇
台本：エンリコ・ゴリシャーニ

　この頃にはついにイタリアにもヴォルフ＝フェラーリの作品が有名になってきた。ついにはスカラ座でも《好奇心の強い女》が公演されている。故郷のイタリアで認められなく、第２の故郷ドイツへ行き《チェネレントラ》から６本のオペラをドイツで初演してきた。この作品も悲劇の次はまた喜劇に戻ろうと、常に飽きられないように新しい展開の作品を題材にしてきていた。ゴルドーニ作品はもう２作品持っているので、さらにルーツにさかのぼってモリエールの風刺劇を題材に選んだ。この作品についてイタリア初演のときの記事が残っている。

　思いもしない出来事、バラエティに富んでいて、状況の展開を繰り返す。生き生きとしたリズムで優しい色がキャンパスの上に描かれるように。作者ヴォルフ＝フェラーリはすでに長い間劇場で経験をつみ、この新しいオーケストレーションを造りあげた。まず１幕に色を付けたこのキャンパスは素晴らしい出来で、"才気"を真剣に感じさせ、本格的な喜劇を表していた。それは愛らしい曲想、色、ソリストにオーケストラ、効果的なレチタティーヴォ、明確なストーリー、豪華で、滑らかに耳に入ってきた。１幕が素晴らしいのは涙を誘うシーンがあるためで、他の幕はとりわけ涙を誘うシーンが少ないためである。

この作品はイタリアで公演されることが非常に少なく、20世紀においてソンツォーニョ音楽出版社が記録として残している公演は、1929年3月6日、1935年6月23日、1968年3月12日の3回である。

《相思相愛の夫婦》"Gli Amanti Sposi"
１９２５年２月１９日　ヴェネツィア・フェニーチェ劇場初演
原作：カルロ・ゴルドーニ
台本：ジョヴァッキーノ・フォルツァーノ

　前作《恋はお医者》以降、第１次世界大戦が勃発したために、作品発表のスピードが著しく落ちた。《相思相愛の夫婦》はそんな中１２年の沈黙を破り、故郷ヴェネツィアのフェニーチェ劇場にて初演した作品である。作品自体は戦後の発表であってもそんなに評判にならなかったが、２つ批評が見つかったので記載しておく。

　"若き頃から《新生》を作曲し、その後もたくさんのオペラを書き《恋はお医者》がこれまで最後の作品だった。そのどの作品よりも美しく、印象的な曲想を持っているこの《相思相愛の夫婦》は待ち望んでいた、言わずにも知れた、我らの天から授かった才能を持つヴォルフ＝フェラーリの作品だ。今回の作品も同じように和声的にも、歌手に与えられたパッセージもオーケストラのように半音階的に作られていて２組の恋人たちにあるそれぞれの独白シーンはとても難しく作曲されている。ヴォルフ＝フェラーリ作品によく見られる技法だが特にこの２組の歌手には色調の強い多くの音を与えている。つまり新しい色と、新しい効果、そして表現は抑えながら。また舞台や喜劇的配役についても今までの《４人の田舎者》や《好奇心の強い女たち》の系統を次ぐ手法からも遠ざかっている。年代も800年代と違いがあり、また配役も今までと違う、ヴェネツィアの出来事でもない。つまり今まではこの作品までの試演であったのだ。記憶にとどめる作品であり、この芸術家の気品溢れる直観力から、またさらにヴァリエーションを生み、新しい音楽を作り上げてゆくのだ。"

　"ヴォルフ＝フェラーリは常に現代のオペラの移り変わりに心配をしている。彼はただ一人で立ち向かう、そしてその行方を知っている人は少ない、なぜなら彼の持っている素質は「笑い」から生まれるものばかりだからだ。なぜなら、彼の耐えることのない陽気さはこの国の伝統そのもので、輝かしいイタリアの劇場から授けられたものだからである。普通に考えて、彼が何かの真似をしているなんて言う事は

できない。適切な言い方として、彼の音楽は表面的なことばかり見えてしまうと言うべきだ。人々は和声や対位法がヴォルフ＝フェラーリ自身から生まれたことについて否定するのか、彼は現代オペラを改革するだけの特質を備えているか否か、とうわさをするが、これらの答えは、ヴォルフ＝フェラーリは素晴らしい作品を残し、魂からイタリアの伝統を受け継ぎ続けているということだ。陽気な魂を持った、よどみのない、滑らかさを持っていて、明瞭で、洗練された技術を守り通している。そしてこの《相思相愛の夫婦》も常に変わらず気品に溢れ、これからのイタリア・オペラに繋がる作品で、滑稽さや奇怪な雰囲気でこの暗いご時勢に笑いある歌を響かせてくれた。"

　これらの記事からも分かるように、この頃はもうすでに大家として地位を築き上げていたヴォルフ＝フェラーリの作品には、当然ながら賛否両論があったのだろう。やはり当時としても使われるパッセージの類似点は否めなかっただろうし、類似させることが、イタリア・オペラを推進してゆくのか、もしくは衰退させることになるのか論争があったのかもしれない。しかし、この作品の後もヴォルフ＝フェラーリは作品を書き続けて、新しいイタリアン・コミックの地位を築いてゆくことも真実なのだ。

《天の羽衣》"Das Himmelskleid"
１９２７年４月２７日　ミュンヘン国立劇場初演
原作：ペロー「ロバの皮」
台本：ヴォルフ＝フェラーリ
　全幕で 167 分もかかるこの作品は前作の《相思相愛の夫婦》と同じように第１次世界大戦中に書かれた作品のひとつである。《チェネレントラ》と同様、ペローの童謡「ロバの皮」を原作とし自ら台本に起したものである。

《スライ　または目覚めた熟睡男の伝説》"Sly, ovvero la leggenda del dormiente risvegliato"
１９２７年１２月２９日　ミラノ・スカラ座初演
原作：ウィリアム・シェイクスピア「じゃじゃ馬ならし」
台本：ジョヴァッキーノ・フォルツァーノ

初演はミラノ・スカラ座でテノール歌手アウリアーノ・ペルティレのタイトルロールで初演された。この初演で台本を担当したフォルツァーノが演出をしている。初演時の記事を見ると以下のようなことが書かれている。

　「目覚めた熟睡男の伝説」の上演のためにジョヴァッキーノ・フォルツァーノとスライのシェイクスピア作品を演じる役者たちの費やした7年間は幸福に満たされている。昨夜のマエストロ・ヴォルフ＝フェラーリによる音楽の助けを得てオペラ公演は湧き上がるほど大きな成功をした。スカラ座を埋め尽くす観客たちは作品を愛し、いまだかつて無いほど長く、鳴り止まぬ拍手を続けた。それもそのはず、この物語が劇場に鳴り響いた初めのテンポを聞いてスライの運命を、物語を感じ取ってしまうほどであった。物語は外の騒々しさを忘れるくらいテンポ良く進み、結果微笑が生まれ、この場でこの新作《スライ》に歓声を送ることを幸せに思った。オペラの形、ドラマティクなシーン、全てに作曲家の用意した音の纏を着た効果が捧げられている様だった。それは台本を作ったフォルツァーノの成果でもあるし、マエストロ・ヴォルフ＝フェラーリの現代音楽の手法に頼り過ぎない伝統的な手法で作曲された音楽の成果でもあるのだ。

　初演から1982年までヨーロッパ各地で70回以上も公演されている人気作品だけに評価も非常に高い。良くオペラの題材とされるシェイクスピアの『じゃじゃ馬ならし』だが、正確には原作は喜劇だが、このオペラ作品は悲劇で作られている。《マドンナの宝石》のように始めのシーンから人間味溢れる悲劇性は持っていないが、この作品はイタリア的なヴェリズモ・オペラの様式よりも、もっと哲学的な内容が強い。スライを演じたテノールをあげれば、アウレリアーノ・ペルティレ、ニーノ・ピッカルーガ、クルト・タッカー、カルメロ・アラビーゾ、ジュゼッペ・タッカーニ、アントニオ・メランドゥリ、ハンス・ディッター・バーダ、ホセ・カレーラス、プラシド・ドミンゴなどがあげられる。

《抜け目のない未亡人》"La vedova scaltra"
１９３１年３月５日　ローマ・オペラ劇場初演
原作：カルロ・ゴルドーニ
台本：マリオ・ギザベルディ
　《メリーウィドー》のことをイタリア語で"La vedova allegra"というので題名からすぐにこのレハールの作品を連想してしまうが、まずこのオペラ《抜け目のない未亡人》の題材に扱っているのはゴルドーニの同名の原作で、その原作の後にレハー

ルの《メリーウィドー》が発表されたので、決してヴォルフ＝フェラーリが真似て作ったわけではないが、未亡人の喜劇はイタリアでも大衆的になりつつあったので、聴衆の傾向も考えてこの《抜け目のない未亡人》に取り組んだのだと思われる。１９３１年の音楽新聞に記載されていた批評によると、

"ヴォルフ＝フェラーリは喜劇をより分かりやすい構成で作曲している、配役に個性を求めていたし、個性のある歌手がいればいるほど良いものになる。以前は不平を言う４人の田舎者が音楽的な掛け合いを見せていたが、今日やっとその理由が分かった。若い未亡人を狙う４人の志願者は様々なブッフォ的な状況を招くための喜劇的要素を狙った４人組だということ、それぞれ熱心に若い未亡人に親切にし、それぞれの役柄を大切にしながらパロディを永遠と続け、美しい事は舞台にある笑いは劇場で演技できる程度にまとめられているということだ。オペラは常に美しいものだ、皮肉なんていらない、この作品は偉大な作品《４人の田舎者》に匹敵する作品である。"

このオペラは1929年に公演された以後は1931年に3月に2回、4月に1回、5月に1回、その後も32年、37年、39年、42年～44年、46年、47年、49年～55年、56年～65年、66年、72年～76年、78年、83年と頻繁に公演されている。ロザウラに主に出演した歌手はアデライーデ・サラチェーニ、フローリカ・クストフォレーヌ、エミリア・ヴェラ、マグダ・オリヴェロ、などである。

《イル・カンピエッロ》 "Il Campiello"
１９３６年２月１２日　ミラノ・スカラ座初演
原作：カルロ・ゴルドーニ
台本：マリオ・ギザベルディ

　日本でも最近よく公演されるこの作品は、ヴェネツィアの共有広場を意味するタイトルで、かつては教会が所有する共同畑を"Campo"（野原、畑）と言い、教会の管理のもと近隣の住民で共有していた。小さな教会が所有していた"Campo"は"Campiello"と呼ばれ、現在は教会のない場所にもヴェネツィアの路地"Calle"の終着点として存在している。昔のように中央に井戸のあるカンピエッロも少なくなってきているが、ベンチを置いて近隣の住民との憩いの場となっている光景も見受けられる。この作品にもヴォルフ＝フェラーリは新しい取り組みを考えスタイルをより洗練化させている。これまでのオペラは小さなモチーフを散りばめて、美しい旋律

をその間に入れてきたが、このオペラではひとつの美しい旋律のテーマをオペラ全曲に何度も挿入し、聴衆にとって印象に残りやすいオペラにしたことだ。そもそもヴェネツィアの"Campo San Barnada"バルナダ広場近くの停船所に続く川沿いの道にある家に生まれた彼は、まさにヴェネツィアっ子としてここに育ち、初めてのオペラ《チェネレントラ》を自主企画で公演し、一度は破れ、第二の故郷で数々の作品を初演し、ようやくこのヴェネツィアにおいて、作品を認めてもらったときにはもう何年も時が過ぎていて、６０歳に成りこんなに美しい旋律をヴェネツィアに捧げたのだ。彼のヴェネツィアに対する愛が全ての聴衆に感じられる作品だ。彼はドイツで活躍した人だというイメージが強いが、本来は生粋のイタリア人であり、イタリアのために作品を書き続けた作曲家だ。《カンピエッロ》はそういったことを決定付ける作品でもある。そして技術的にもイタリアを代表するヴェルディの手法をしっかりと伝承していると見せ付けるように《ファルスタッフ》の音楽的技法をたびたび使っている。《スザンナの秘密》にもその技術は見られるが、モチーフをいくつか作り上げるとそのモチーフの形を様々な形に変化させ、役者の表現を作り上げている点ではスコアを見ていてもとても明確で、彼の職人気質で几帳面な性格が表れているようだ。

《愚かな娘》"La Dama boba"

１９３９年２月１日　ミラノ・スカラ座初演
原作：ロペ・ディ・ヴェーガ
台本：マリオ・ギザベルディ

　2006年にマヌエル・イボッラによって映画化されたスペインの作家ロペ・ディ・ヴェーガによるコメディ。ヴォルフ＝フェラーリはこれまでのゴルドーニ作品とは違った作風の喜劇を作りたかった。軽快な序曲は良く抜粋されて演奏されるので印象的だが、劇自体は演劇や映画のほうが有名でオペラ作品についてはあまり知られていないのが現状だ。17世紀中頃のマドリッドの話なので、伝統的な手法を用いた音楽に、コンメディア・デラルテのキャラクターを基盤に黙役まで立てて14名で配役した。すでに「12音階技法」や「シュプレッヒシュティンメ様式」など現代音楽によるアプローチがもてはやされていた時期に、伝統的なコンメディア・デラルテにこだわったところがヴォルフ＝フェラーリらしい。しかし音楽は新鮮で、まるで現代映画音楽にも影響を与えたと思えるぐらい斬新で新しさを感じる。

《神々はテーベに》"Gli dei a Tebe"
１９４３年６月４日　ハノーファー州立劇場初演
台本：L・アンダーソン、マリオ・ギザルベルティ

　ヴォルフ＝フェラーリの最後のオペラ作品で、もうすでに 67 歳を迎えていた。この頃はすでに第 2 次世界大戦が勃発しており、5 月 13 日ドイツ・イタリアは北アフリカの戦いで連合国軍に敗れ、その後 7 月 10 日にシチリアは連合国軍に占拠され初演の翌月の 7 月 25 日ムッソリーニが失脚した年にあたる。作品は初演まで持っていけたことすら奇跡的な時代で、その後はこの作品は戦争と共に忘れられてしまったようである。

　ヴォルフ＝フェラーリを決定的な地位に導いたであろう《スザンナの秘密》にたどり着くまでの作品には十分な作曲手法の進展があり、過程がしっかりと見受けられる。《チェネレントラ》では長作のオペラを作ることで 3 幕オペラの時間配分やオーケストラ編成の充実化など、ワグナーの影響を十分作品に反映されている。結果《スザンナの秘密》も小さなモチーフをしっかりと振り分けてばら撒き、金管楽器の効果を十分引き出すことに成功している。《好奇心の強い女たち》、《4 人の田舎者》は言葉の使い方の技術を十分に高めている作品である。歌手による表現のみならず、オーケストラも共に役者の心情を表現して行く手法の技術の高さは《スザンナの秘密》にも反映している。またその作風をヴェルディの作品から学ぶことでより説得力のある作品となった。また喜劇としての地位を十分に立てた作品でもあり、ゴルドーニスタイルのオペラの成功によって、インテルメッツォサイズの短い台本を使って長年の夢であったペルゴレージの《奥様女中》をモデルにしたインテルメッツォの作曲に取り組めたのだろう。以後の作品には悲劇や神話を含めて難しいテーマのオペラへの取り組みもある。基本的には言葉を生かす音楽作りのスタイルを追求していき、さらには美しい旋律や、流行などを取り入れていった。

≪マドンナの宝石ヴォーカルスコア≫

≪4人の田舎者≫公演写真、終幕の様子＜MarkLothar Briefe aus einem halben
Jahrhundert; Ermanno Wolf-Ferrari,Langen Müller より＞

≪抜け目のない未亡人≫公演写真＜MarkLothar Briefe aus einem halben Jahrhundert; Ermanno Wolf-Ferrari,Langen Müller より＞

第三章　オペラ作品分析

《スザンナの秘密》の成り立ちと音楽分析　3−1
作品の背景と構成について

　《スザンナの秘密》は基本的にインテルメッツォ（幕間劇）として構成されている。ヴォルフ＝フェラーリがワインベルガー音楽出版社にこの作品を持ち込んだとき、時代的にインテルメッツォが聴衆に受け入れられるかどうかかなり難色を示した、当時はオペラ・セーリアのように長大なオペラが演奏される事も少なく、ヴェリズモ・オペラが民衆の間で支持されて、よく演奏されていた時代であったために、幕間にインテルメッツォを演奏する需要が少なかった。実際に《スザンナの秘密》は幕間に演奏されることはほとんどなく、独立した上演か、他の作品と2本立ての公演が主であった。つまりこの作品はインテルメッツォ様式で作られた1幕1場のオペラだと認識されている。

　《スザンナの秘密》はフランスにおける民話からエンリコ・ゴリシャーニ（Enrico Golisciani）自ら台本に起したものである。フランスにおける男女間の勘違いや嫉妬を現すような話はありふれていて、この《スザンナの秘密》も、フランスにおいて語り継がれていた微笑ましい話のひとつである。ヴォルフ＝フェラーリはかねてからペルゴレージの《奥様女中》（または《奥様になった女中》[78]）のような男女間の喜劇を同じく幕間劇として作曲してみたいと思っていたので、まさにセルピーナがスザンナに、ウベルトがジルに、ヴェスポーネがサンテに配役され、作曲されている。《奥様女中》は「年齢差のある男女」「金持ちと女中の結婚」が聴衆の捕らえる大きな題材だとすると、《スザンナの秘密》は「タバコとスザンナ」「伯爵の過剰な嫉妬」と言うところが聴衆にとって大きな題材となっただろう。どちらも喜劇で、45〜55分程度のハッピーエンドの恋物語である。それぞれの配役は以下の通りである。

---

[78] "La serva fatta padrone"《奥様になった女中》は同台本を用いたパイジェッロの作品に用いられることが多い。

《La Serva Padrona》 (G.B.Pergolesi)
Uberto, vecchio………Basso
Serpina, sua serva…Soprano
Vespone, servo………Persona Muta
《奥様女中》 (G・B・ペルゴレージ)
ウベルト、老人・・・・・・バス
セルピーナ、ウベルトの女中・・ソプラノ
ヴェスポーネ、召使い・・・・黙役

《Il segreto di Susanna》(E.Wolf-Ferrari)
Conte Gil, 30anni........Baritono
Contessa Susanna, sua moglie,20anni.Soprano
Sante, servo, 50anni....Muto
《スザンナの秘密》(E・ヴォルフ=フェラーリ)
ジル伯爵、30歳・・・・・バリトン
スザンナ伯爵夫人、20歳・・ソプラノ
サンテ、召使い、50歳・・・黙役

　セルピーナはソプラノ・レッジェーロで歌われることが多いが、スザンナはソプラノ・リリコ・レッジェーロの声質で歌われることが多い。ウベルトはバッソ・コミコで歌われることが多いが、ジルはバリトンの声質を求めており、その中でもバリートノ・ドラマティコ、もしくはヴェルディの《ファルスタッフ》の系統を継ぐ作品として考えるのであれば、Baritono Verdiano(ヴェルディ・バリトン)と言ったバリトンの中でも最もイタリア的で、輝きのある声質が求められている。一方黙役のヴェスポーネは俳優がその役を担うことが多いが、サンテに関してはバス歌手が演じることも多くて、年齢も50歳と高齢でウベルトのようなタイプのバッソ・コミコが理想的だと考えられる。実際に初期の公演や配役のオーデションなどではバス歌手が選ばれているが、間奏曲や後奏でパントマイムの要素を求められることも多いので、その技術が優れたパントマイマーが選ばれることもある。オリジナル台本1912年版にはMUTO（黙役）と書かれているが、1948年版の台本にはMIMO（パントマイマー）と書かれている。一方ソンツォーニョ音楽出版社版のオリジナルヴォーカルスコアにはBASSO（バス）と書かれている。

ヴォルフ＝フェラーリは《好奇心の強い女たち》からヴェネツィアのコンメディア・デラルテの手法を取り入れている。《スザンナの秘密》はゴルドーニ作品ではないが、当時のペルゴレージ作品がコンメディア・デラルテからの影響を受けたオペラ・ブッファという見方も強いことから、その手法と伝統を考えたストック・キャラクターに基づいて両オペラを比べてみると、以下のようになると推測される。

《La Serva Padrona》　　　　　　　《奥様女中》
Uberto　　　　　　　　Pantalone　　ウベルト・・・・・パンタローネ
Serpina　　　　　　　 Colombina　　セルピーナ・・・・・コロンビーナ
Vespone　　　　　　　 Arlecchino　 ヴェスポーネ・・・アルレッキーノ

《Il Segreto di Susanna》　　　　　《スザンナの秘密》
Conte Gil　　　　　　 Innamorato　 ジル伯爵・・・・・インナモラート
Contessa Susanna　　　Innamorata　 スザンナ伯爵夫人・・インナモラータ
Sante　　　　　　　　 Pedrolino　　サンテ・・・・・・ペドロリーノ

　ウベルトは金持ちの老人で色欲があり、男性的であることからパンタローネと考えられる。通常であればコロンビーナとアルレッキーノの恋の争奪戦が話の筋となるが《奥様女中》ではパンタローネとコロンビーナの恋に焦点を当てているところがなんとも面白い。[79] 一方《スザンナの秘密》ではジル[80] はコンメディア・デラルテの系統から見ると、インナモラートで年を重ねればパンタローネに成熟すると思われるキャラクターだと考えられる。
　スザンナ[81]はコンメディア・デラルテの系統ではインナモラータだと推測される。

---

[79] コロンビーナはアルレッキーナと呼ばれることもあり、どちらの場合も通常アルレッキーノの性質を持つヴェスポーネと結ばれるのがお約束ではあるが、《奥様女中》ではセルピーナはパンタローネのウベルトと結ばれるためにアルレッキーノに助けてもらうという物語となっている。
[80] おそらくジルは"Gilberto"というイタリア名から来た名前で、愛称から取られた名前だと考えられる。この名前は特にフランスらしい要素は含まれていないが、ジルベルトの名前の由来は"Gisil"（弓矢）と"bertha"（名声のある、打つ人）という意味を持っており、「名声のある弓の名手」と言う意味を持っていて、隠語では「囚われた貴族」を意味する。
[81] スザンナはアラム語では"giglio"百合、ヘブライ語では"rosa"薔薇を意味に持つ名前で、イタリア人作曲家にとっても、カトリック信仰がある作曲家ならばスザンナという名前はカトリック教会によるダニエル書、第13章のスザンナ物語に対する印象が強いと思われる。　"ヘブライ人である美しい人妻スザンナは2人の長老（のぞき屋）によって水浴びをしているところを密かに見られていた。彼女が家に戻ろうとしたとき2人の長老は「我々に体を許さなければ、お前が青年と密会していたと告発するぞ」と脅される。スザンナはこの脅しに逆らい逮捕される。そしてダニエルと言う青年がこの裁判に異を訴え、「当時スザンナがどのような木の下で青年

一方《奥様女中》のセルピーナはコロンビーナのストック・キャラクターを起用している。

サンテ[82]はペドロリーノとしてインナモラーティ（ジルとスザンナ）の恋物語の引っ掻き回し役だ。夢見がちで繊細な性格。終幕に付け足されているサンテの一人芝居などはその夢見がちな性格が最終的に舞台を引き締める重要な要素となっている。しかしサンテはウベルトのようなタイプのバッソ・コミコを起用する場合もあるために、アルレッキーノの原型とも言われているザンニという初期コンメディア・デラルテのストック・キャラクターとして考えても面白い。もしサンテがザンニとして設定されたら、アルレッキーノというキャラクターを通してヴェスポーネとの共通点が出てくる。《奥様女中》のヴェスポーネはアルレッキーノとして物語の行く先を暗示する役目を持っているので、物語の終幕に登場するには適している。サンテの場合はタバコのシーン、ヴェスポーネの場合は厳つい軍曹に変装し、突如イル・カピターノのようなストック・キャラクターに変わるなど大変重要な役割を持っている。

配役のストック・キャラクターから見て行くと、《奥様女中》パンタローネにコロンビーナ、アルレッキーノ、そしてカピターノといったその頃の幕間劇としては意外なキャラクター設定で、聴衆にとっても入りやすく、分かりやすい物語を設定しているだろう。一方《スザンナの秘密》はそもそも夫婦間のリアリティを目指していて、ジルとスザンナはインナモラーティとして仮面なしで登場するキャラクターであり黙役が物語の展開を担っている。

《奥様女中》初演当時はコンメディア・デラルテの影響がまだ色濃く、少なくとも聴衆の中にはストック・キャラクターをイメージしながら劇を見ていた人がいたのではないか。ヴォルフ＝フェラーリはヴェネツィアでこの劇が表現している風刺も感じながら、この作品を見ていたのではないかと考えられる。しかし《スザンナの秘密》の初演時1909年ごろには伝統的なコンメディア・デラルテはほとんど衰退していて、例えばオペラに起用された作品と言えば、レオンカヴァッロの《道化師》、

と密会していたか答えよ」という質問に一人目の長老は乳香樹と、2人目の長老はカシの木と答え、まったく一致しなかったために長老たちの嘘が明らかになり、無事にスザンナは愛する家族のもとへ帰れたという物語"つまりスザンナという名前からカトリック信仰心の厚いヴォルフ＝フェラーリも「美しく、誠実で貞節な女性」であるというイメージを強く持っていたためにつけられた名前だと考えられる。

[82] サンテの名前の由来はイタリア名で、ドイツでは"sand"（真実）を意味する単語で、フィンランドでは"sante"(砂)を意味する。もし彼が劇の中に「真実」を作ってゆく立場としてこの名前がついたのであれば、常に物語の真実を知っていたのは実はサンテだけで、聴衆にも特別な演劇的アプローチをしない限り、最後まで真実はわからないままなので、役的にも忠実な名前となっていることがわかる。

1892年にミラノで初演されたが、劇中劇としてコンメディア・デラルテを入れる事により、悲劇性が強まった成功例や、または喜劇としてコンメディア・デラルテをもとに作ったマスカーニの《仮面》[83]はミラノ・スカラ座、ジェノヴァ・カルロ・フェリーチェ劇場、ローマ・コスタンツィ劇場、ヴェネツィア・フェニーチェ劇場、ヴェローナ・フィラルモニコ劇場、2日後にはナポリ・サン・カルロ劇場でも上演され、大々的な公演をしたが、すべてあまり良い結果で終わっていない。

　《スザンナの秘密》は幕間劇で《奥様女中》のような作品を作りたいとヴォルフ＝フェラーリが考えて、この時代に幕間劇でコンメディア・デラルテの伝統的な手法を持った作品を作ろうとアンチ・ヴェリズモ[84]を唱えて作ったものである。ただそのまま忠実に伝統的な喜劇を書いても、聴衆は常に新しいオペラを求めているので、より現実的な夫婦間の問題や嫉妬を題材として、音楽は尊敬するワグナーやヴェルディ、そしてR・シュトラウスの手法を取りいれた。ただ、1幕オペラで舞台もより簡素で、配役もインテルメッツォの形式で、しかし伝統的で新しい音楽を作曲した。そういった意味ではヴェリズモ・オペラの流行に真っ向から立ち向かった作品ではないだろうか。つまりコンメディア・デラルテのストック・キャラクターに近づけた配役をしたことや物語の分かりやすさ、ワグナー的なモチーフを使うこと、ヴェルディの《ファルスタッフ》のようなテンポ感の鋭い言葉の明瞭なイタリア喜劇を目指した事は伝統的な手法を忠実に守ろうとしている作風をもって《奥様女中》の２０世紀版を当時の流行オペラのスタイルと、伝統的なコミック・オペラのスタイルを交えて作り、インテルメッツォの改革を行ったのがこの《スザンナの秘密》なのだ。

　結果的にはドイツでの初演は大成功で、非常にワグナー的だと評価され、イタリアでの初演でも大成功を収め、ヴェルディの《ファルスタッフ》を継ぐ作曲家はヴォルフ＝フェラーリだと批評され、ヴォルフ＝フェラーリのドイツ人とイタリア人の血を受け継いだこの《スザンナの秘密》は自身の作品の中で最も演奏されている。

---

[83] ≪Le Maschere≫ピエトロ・マスカーニの3幕ものオペラ、ロッシーニのスタイルと、コンメディア・デラルテを用いて作曲 1901年よりイタリアの主要劇場を回るツアーを組んだがあまり良い興行にならなかった。
[84] Verismo opera（ヴェリズモ・オペラ）1890年頃から1900年代初頭まで流行った世の中の出来事を描写してオペラ化させた作品。主な作曲家にピエトロ・マスカーニ、レオンカヴァッロ、ジョルダーノ、プッチーニなどがいる。

《スザンナの秘密》の成り立ちと音楽分析　3－2
インテルメッツォとその成り立ち

　幕間劇「インテルメッツォ」はもともと 15 世紀末から 16 世紀においてインテルメーディオ"Intermedio"からの由来で、ルネサンス時期にイタリア（主にフィレンツェやフェラーラ）で行われた裁判や祭り、結婚式などの行事の進行の合間に仮面劇や演劇、マドリガーレ等の演奏をする行事内における形式のひとつであった。特にメディチ家[85]における結婚式では 1539 年、1565 年と 1589 年に壮大なインテルメーディオが演奏された記録が残っている。17 世紀には宮廷オペラの形式ドランマ・ペル・ムジカ[86]を上演していた劇場に市民を題材とした喜劇的な要素を持ったオペラが作られた。当初は全ての役者がオペラ・ブッファとして扱われることはなく上級市民のセーリア役と下級市民のブッファ役が設定され上演されていた。幕間劇「インテルメッツォ」は 18 世紀に流行したオペラの上演スタイルである。主となるオペラ・セーリアの幕間に行う小さな喜劇で、インテルメーディオと同じく主となる行事の引き立て劇として存在していた。上級市民を表したオペラ・セーリアの幕間に下級市民の演目であるオペラ・ブッファを幕間劇として公演していたので、その構成は 17 世紀のドランマ・ペル・ムジカと同じように社会身分制をしっかりと持っていた。つまり幕間劇「インテルメッツォ」はオペラ・セーリアといった、悲劇的要素を持ち、神話や牧歌的な内容を持つ劇の幕間に、対照的な内容を持つ明瞭簡潔な喜劇を上演することが目的となされており、そのために変装をしたり、方言を使ったり、軽快なパロディ要素を持った作品が多く、比較的自由な表現のもと成り立っていた。

　1710 年ごろから普及したこのスタイルも 1730 年代にはナポリ国王カルロ 3 世によって禁止され、代わりに 2 作のバレエが挿入されるようになり、その"幕間バレエ"といった形式が一般的な宮廷劇場の「インテルメッツォ」として公演されるようになった。ヴォルフ＝フェラーリがこの《スザンナの秘密》を書くために目指した G・B・ペルゴレージ（ジョバンニ・バッティスタ・ペルゴレージ 1710 年 1 月 4 日生－

---

[85] Casa de'Medici はレオナルド・ダ・ヴィンチやミケランジェロなど多くの芸術家を支援した貴族、主に銀行業を営み成功し、その財力は政治にまで影響した。こうした芸術家への支援はルネサンスを大きく浸透させる要因となった。

[86] Dramma per musica（伊）17 世紀から 19 世紀まで流行した異国文化のオペラ台本を用いたオペラ・セーリア、ドランマ・ジョコーゾとは異なるものでグリュックの《パーリデとエレーナ》やモーツァルト《イドメネオ》などがそれに当たる。

1736 年 3 月 17 日没)の作品《奥様女中》(1733 年 8 月 28 日ナポリ・サン・バルトロメオ劇場初演[87])はその中でもブフォン論争を招いた最も有名な「インテルメッツォ」である。これらの「インテルメッツォ」は内容も分かりやすく、音楽も簡単明瞭だったので民衆の間で、公演主となったオペラ・セーリアよりも話題になることが多く、人気があり、1730 年頃には「インテルメッツォ」として幕間劇を専門で演奏する劇団がヨーロッパを巡業していたこともあるほどだった。その後はオペラ・ブッファとして発展し、モーツァルトを始めロッシーニ、ドニゼッティなど民衆のためのオペラ作品につながってゆく。しかし「インテルメッツォ」としての幕間劇はオペラ・ブッファの繁栄に次第に影がうすくなった。19、20 世紀以降になると幕間にはインテルメッツォ「間奏曲」が流行し、物語の中で効果的な間奏曲を組み込むことによって、よりオペラの表現に細かい写実性を求めるようになっていった。《カヴァレリア・ルスティカーナ》や《マノン・レスコー》、《蝶々夫人》などのヴェリズモ・オペラにも、ひとつの特徴として美しい旋律をインテルメッツォ「間奏曲」として作曲し臨場感を持たせた。《スザンナの秘密》はそういったヴェリズモ・オペラのインテルメッツォ「間奏曲」流行の中、意図的にインテルメッツォ「幕間劇」を作曲し、ヴォルフ=フェラーリとしてのアイデンティティを重んじて、かつて短い間ではあったが流行した「幕間劇」のスタイルを継承すべく、伝統的な手法を蘇らせながら、聴衆の求めていたインテルメッツォ「間奏曲」を短く入れて、まったく新しい「幕間劇」を作ろうとした。

《スザンナの秘密》の成り立ちと音楽分析　3-3
幕間劇の定義

　歴史的条件から考えれば、インテルメッツォ「幕間劇」はオペラ・セーリアの幕間にのみだけ存在し、配役も 2～3 名で主にバッソ・ブッフォが主体として庶民的な笑いを作り出す喜劇 2 幕 1 場の物語で、レチタティーヴォとアリア、ドゥエットの明確な区分けがされていた典型的な番号付オペラ[88]である。当時 1710 年初めまでは、

---

[87] Chiesa di San Bartolomeo は 1455 年に教会として建設され、1620 年に劇場として再建された。多くのオペラを初演したナポリ派にとって重要な劇場、チェスティ、スカルラッティ、ポルポラ、ハッセらのナポリ派オペラ作品の多くを初演した。
[88] 番号付オペラ (Number opera) 主にオペラ・セーリア、オペラ・ブッファ、オペラ・コミック、バラッド・オペラ、グランド・オペラ、ジングシュピールに用いられ、レチタティーヴォ、アリアと重唱を振り分けたオペラ形式を持っている。

オペラ・セーリアの下男下女といった下級市民として役を演じた歌手が幕間劇を演奏することが主流となっていて、主なオペラの延長上に存在し、ほぼ未分化されていたが、1710年後半からはオペラ・セーリアの幕間に演奏をする事が少なくなり、少しずつ独立化していき、インテルメッツォ「1幕物の小オペラ」として認識されていった。そういった歴史的背景の下で作られ、インテルメッツォ「幕間劇」は現在に至る。伝統的な番号付オペラであることや、幕間劇として成立させなかったとしても、ヴォルフ＝フェラーリが作った《スザンナの秘密》がインテルメッツォとして作曲されている以上、時代の流れも考慮して定義を論じると、まず"喜劇"であることが重要である。喜劇に必要なコンメディア・デラルテのストック・キャラクターをベースに配役を用いること、喜劇の中でも庶民的な内容であることが大切である。しかも簡単明瞭な物語でなくてはいけない。物語の中に必要なシーンとしてどたばた劇、いわゆるフィナーレ[89]があることも大事である、またオペラ・セーリアと対照的な下品な言葉を使うこと、怒りと涙の感情の起伏が明瞭であることも特徴的である。そして舞台設定、設営が簡単であること、風刺が物語の内容に含まれていることである。そのことから考えると、《スザンナの秘密》の物語そのものはインテルメッツォの系統を引き継いでいるが、あまり強烈な風刺は見受けられない。現在ならばタバコを吸うことへの健康被害を皮肉に訴えた劇となるが、当時はそこまでタバコについて研究が進んでいなく、禁煙も現在ほど勧められてはいなかったと思われる。しかし、劇中でスザンナがタバコに関して"vizietto"[90]（健康に有害な、悪い習慣）だと自ら言っているので、当時としても健康に悪いというイメージがあったのだと考えられる。もし作者が風刺を入れていたとしたら、時代を先に読んだテーマとして"喫煙者に対する風刺"を意図とした可能性を否定できない。もしくは舞台となるピエモンテ州は王室の直系の貴族も多い地方なので、イタリアでも有数の"裕福な貴族の行き過ぎた夫婦愛"を風刺しているのかもしれない。《スザンナの秘密》はオーケストラも当時のインテルメッツォ・スタイルの編成からすると非常に豪華であるが、オーケストラ編成までモデルにしていないことを考えると、ヴォルフ＝フェラーリは20世紀にインテルメッツォの改革を試みたのではないかと考えられる。

---

[89] FINALE、終曲。番号付オペラが主流となっていたオペラ・セーリア、オペラ・ブッファでは共に、基本的には3幕オペラとして構成されていた。ほとんどの場合終幕に、ほとんどの人物が登場し重唱や合唱を取り入れた場面で終幕となる。幕間劇にも小さなフィナーレが付いている事が多く見られた。
[90] VIZIOのイタリア語の意味は"悪癖"であるが、VIZIETTOはその意味よりも控えめなニュアンスを取って"ちょっとした悪い癖"という意味を持っている。

《スザンナの秘密》の成り立ちと音楽分析　3－4
着想までの影響作品とその経緯

　この《スザンナの秘密》の構想について大きく鍵を握るのは、少年の頃に衝撃を受けたオペラ・ブッファ《セヴィリアの理髪師》、その後彼自身が「コンメディア・リリカ」[91]を夢見てゴルドーニ作品を立て続けに2作成功に導いたことが大きい。それ以上にミュンヘン音楽アカデミーでの交友関係では、ワグナーを愛していた青年にとって、友人とチマローザやモーツァルトのオペラ・ブッファの洗練された音楽の魅力について語り合ったのかもしれない。ヴォルフ＝フェラーリがどのようなオペラに影響を受けているのか、この《スザンナの秘密》に着想するまでの軌跡を考えてみると、もちろん先に述べた、ペルゴレージ、チマローザ、モーツァルト、ロッシーニの作品は少年期からバロック期、ロマン期の精巧な作曲技術を学ぶために敬愛している作曲家であり、ワグナー、ヴェルディやアリーゴ＝ボーイト、R・シュトラウスなどヴォルフ＝フェラーリが青年の頃の巨匠にも影響を受けている。ただ《スザンナの秘密》を書き出した頃はどの劇場も多くの作曲家を抱えていたし、劇場の音楽監督もほとんどが音楽家だった。経営のためにも聴衆に売れる作品を書かなくてはいけないので、それだけオペラの流行に敏感にならなくてはいけなかった。彼がこの作品を初演するまでイタリアで初演され、話題性があったであろう主なオペラ作品を以下に記載する。

1890年5月17日　ローマ・コスタンツィ劇場　マスカーニ《カヴァレリア・ルスティカーナ》、
1892年5月21日　ミラノ・ヴェルメ劇場　レオンカヴァッロ《道化師》、
1893年2月1日　トリノ・レージョ劇場　プッチーニ《マノン・レスコー》、
1893年2月9日　ミラノ・スカラ座　ヴェルディ作曲《ファルスタッフ》
1893年12月23日　ヴァイマール宮廷劇場　フンパーディング作曲《ヘンゼルとグレーテル》
1896年2月1日　トリノ・レージョ劇場　プッチーニ作曲《ラ・ボエーム》
1897年11月27日　ミラノ・リリコ劇場　チレア作曲《アルルの女》
1898年11月17日　ミラノ・リリコ劇場　ショルターノ作曲《ソェトーフ》
1900年1月14日　ローマ・コスタンツィ劇場　プッチーニ作曲《トスカ》
1901年1月17日　ミラノ・スカラ座、他5都市　マスカーニ作曲《仮面》

---

[91] Commedia Lirica"抒情喜劇"オペラ・ブッファの系統を引き継ぐためにヴェリズモ・オペラの中で生まれた。代表的な作品はプッチーニの《つばめ》、ヴェルディの《ファルスタッフ》などがある。

1902 年 4 月 30 日　パリ・オペラコミック座　ドビュッシー作曲《ペリアスとメリザンド》
1904 年 2 月 17 日　ミラノ・スカラ座　プッチーニ作曲《蝶々夫人》
1905 年 12 月 30 日　アン・デア・ヴィーン劇場　レハール作曲《メリーウィドー》

　1890 年《カヴァレリア・ルスティカーナ》初演当時、彼は 14 歳だった。彼は少年期に≪セヴィリアの理髪師≫で感動し、その後すぐにワグナー狂となってしまった。そして≪ファルスタッフ≫は全て暗唱できるほどに読み込んでいた。イタリアで≪ヘンゼルとグレーテル≫が流行ったときもひたすら≪チェネレントラ≫を書きながらいつかペルゴレージの≪奥様女中≫のような簡潔な物語を壮大なオーケストレーションで書きたいと想像していたのであろう。1909 年≪スザンナの秘密≫にたどり着くまでヴォルフ＝フェラーリはその時代の数多くの作曲家に囲まれ、ワグナーとヴェルディの影響を多大に受け、既にドビュッシー[92]や R・シュトラウスが提唱していた新しい近・現代音楽の流行と戦いながら、必死に伝統的なスタイルを守ることの重要性をこの時代の興行主義から生まれた芸術的な観念に、逆らおうとしていたのかもしれない。

《スザンナの秘密》の成り立ちと音楽分析　3－5
物語の舞台ピエモンテ州について

　ピエモンテ州はイタリアの第二首都ミラノのあるロンバルディア州に隣接している。当時はまだイタリア共和国ではなく、イタリア王国とされており、その前進として 1720 年から 1861 年まで存在したサルデーニャ王国を築いたサヴォイア家[93]がトリノの王宮に住んでいた。当時のピエモンテに対するイメージは王宮がある格式の高い地域で、1899 年に創業した自動車メーカー・フィアット[94]も話題になっていたかもしれない。また劇中に出てくるチョコラッテは、ピエモンテの名産で特にトリノにはビチェリン[95]やジャンドゥイヤ[96]が有名である。場面は"L`azione si svolge

---

[92] Claude Achille Debussy（1862-1918）フランスの作曲家、1894 年≪牧神の午後への前奏曲≫が初演され、1902 年≪ペレアスとメリザンド≫を初演、現代音楽に大きな影響を与えた一人とされている。
[93] サヴォイア家はイタリアにおけるリソルジメント以前にイタリア・ピエモンテ圏、フランス、及びスイス・フランス語圏、サルデーニャ島に渡り統治した貴族。後にイタリア王国の王家となった。
[94] FIAT はトリノに本社を置くイタリア最大の自動車メーカー、1899 年創業当時から自動車生産に取り組み、1908 年、≪スザンナの秘密≫作曲時に初の航空機エンジンの開発に成功した。
[95] Bicerin"ビッチェリン"チョコレートとミルク、コーヒーを混ぜたトリノのコーヒー、1898 年にピエモンテ方言を用いた小説家、新聞記者のアルベルト・ヴィリリオ（1851-1913）によって広く紹介された。
[96] Gianduja "ジャンドゥイヤ"1806 年に生まれたピエモンテのチョコレート、コンメディア・デラルテの地域

in Piemonte"(ピエモンテにて起こった出来事)とソンツォーニョ音楽出版社(1912年出版)の台本には書かれている。同じ出版社のヴォーカルスコア、ヴァインベルガー音楽出版社(1910年出版)には簡潔に"In Piemonte-Epoca presente"(ピエモンテ、現在)と書かれているだけだ。

　ピエモンテはイタリアにおいて最もフランスに近い州で、フランス語を標準語として使う街もあり、食文化や言葉もフランスからの影響が強い。例えば、貴族階級の間で、サヴォイア家を中心に使っていたであろうピエモンテ方言は特にフランス語的な方言であるし、フランスの影響が強い食文化として有名なピエモンテのワイン作りも領主が管理することで城（シャトー）を銘柄に用いていることから、中世から近世にかけてフランス色の強い貴族サヴォイア家によって支配されたサヴォイア公国の名残としてトリノ周辺はかなり上流社会に属していた貴族がしっかりと土地を所有していた。

　恐らくヴォルフ＝フェラーリは《奥様女中》の世界を作り上げるために、時代に合わせた上流社会を演出したかっただけではなく、原作がフランスの物語なので、精密な台本を作るためになるべく環境を崩したくない理由からも、この舞台設定を選んだのではないかと考えられる。

　またこの物語の季節は役者がマフラーや手袋、帽子などを着用することから冬の12～2月あたりを予想できる。幕間劇そのものは55分～60分弱の作品で、日数をまたぐこともなくほとんど実際の時間と同時進行してゆくオペラだと考えられる。間奏曲の間も役者は常に舞台に出ているので時間的経過を緩やかにさせる場面は幻想的シーンとされるスザンナがタバコを吸っているシーンに限られてくる。その中でも幕開けにはジルが散歩から帰ってくること、終幕には月明かりが出ることを考えると、16時から18時までの物語だと考えられる。ジルの散歩はイタリア人の伝統的な生活スタイルからから考えると、昼休み13時から15時半くらいの間で昼食に出かけて、16時ぐらいに自宅に帰ってきたのではないだろうか。そして月明かりが窓から指すためにはかなり暗くなる必要があるが、この季節だと18時にはかなり暗くなっているので月明かりが差し込む可能性が高いと考えられる。

　ヴォルフ＝フェラーリは方言を使った作品を数多く作っている。カルロ・ゴルドーニの台本から起されたヴェネツィア方言のオペラ作品や歌曲集　トスカーナ方言

ごとの性格を表したストック・キャラクターの中から"ピエモンテのジャンドゥイヤ"から命名された。キャラクターは明るく、享楽的で、ステレオタイプのお調子者のブルジョア、慎重に考えすぎるので、妻ジャコメッタを信じすぎて別れられない性格とされている。

の《44 のリスペット》から考えて、この作品にもピエモンテ方言をしっかりと用いて台本が作られてもおかしくはないのだが、台本作家がピエモンテとは無縁だったためか、基本的には標準のイタリア語でテキストが書かれている。

　ピエモンテ方言はフランス語とラテン語の影響を受けており、語学的にも 25 個のアルファベットを用いていて非常に複雑な言語となっている。標準のイタリア語よりも ë, j, n, ò の 4 つ多い形態となっていて、そして母音も a, e, ë, i, ò, o, ó, u と 8 つあることも特色的である。ヴォルフ＝フェラーリとゴルドーニ、そしてヴェネツィア方言を熟知した台本作家がいれば、難解なヴェネツィア方言でも地域性の優れた方言を使いオペラを作れたが、ナポリ生まれの台本作家ゴリッシャーニとの共作ではピエモンテ方言を使うには状況的に難しかったのだろうし、初演がミュンヘンだと決まっていた事もあり、イタリア語にはそこまでこだわらなかったのではないだろうか。

《スザンナの秘密》の成り立ちと音楽分析　3－6
台本とその言葉にある音楽

　エンリコ・ゴリシャーニによって書かれた台本は、フランスの笑劇を基にゴリシャーニ自身が 50 分のオペラにあわせて作ったものである。非常に分かりやすい韻律を用いていて、かなり簡潔にまとめている。この頃ゴリシャーニはすでに 60 歳を迎えており、オペラ台本を作ることに関しては相当熟練していた。

　ヴォルフ＝フェラーリがこの整った台本を音楽に生かす技術は素晴らしく、歌いだしの"Mantiglia Grigia.."からすでに 11 音節で始まるように 11 音節と 7 音節の手法を多く用いている[97]。また 3 音節の単語を 2 つ並べて 6 音節としたり、4 音節を二つ並べて 8 音節としたり、5 音節の単語を 2 つ並べて 10 音節として使ったりしながら、感情表現の変化に合わせた韻律をうまく使い、それぞれのフレーズに瑞々しさを与えている。≪ファルスタッフ≫を全て暗唱できるほど、ヴェルディの技術をしっかりと受け継いだヴォルフ＝フェラーリは、その点においてはイタリア語のニュアンスを最大限に生かせる作曲家であろう。

　アリアはほぼ同じ韻律のパターンで歌われるが、二重唱でお互いの気持ちが変わ

---

[97] 11 音切詩行"Endecasillabo"≪スザンナの秘密≫は伝統的に好まれたイタリア詩行 11 音節をよく使っている。この音節と 7 音節の行詩は≪フィガロの結婚≫などのオペラ・ブッファによく使われている。フランスでもよく使われた一詩形に由来するのが 10 音節（デカシラブ）で、そこからイタリア語の特徴 10 音節目にアクセントを置くことが発展して 11 音節がよく使われるようになった。

るところや回想シーンなど、韻律のパターンを意図的に変化させ、幕切れのないこの作品に台詞で各場面の区切りを作っているようだ。またジルとスザンナの台詞が掛け合うところではお互いの台詞を組み合わせたり、挟んだりしながら韻律を整えている文章も多い。

　台詞は流れるように書かれているので、まるで長大な詩を読んでいるようにも見えてくる。また台本にあるト書きも大変多く、役者の動きや表情に細かい指示がある。これらの基盤を作ったゴリシャーニは台本作者としてすでに20以上のオペラの台本を作っていたので、全体の統一感や起承転結のまとめ方など大変熟練した技を持っていたであろう。物語の大きな流れとして以下のようになっている。

・ジルの外出→・スザンナの外出→・ジルがスザンナらしき女性を見て帰宅→
・スザンナの帰宅→・ジルはスザンナの浮気を疑い始める→
・ジルが部屋に充満しているタバコの匂いから疑いが強まる→
・スザンナのピアノの音色→・スザンナの美しさにジルの疑いが少し晴れる→
・タバコの匂いを思い出し再び疑う→・スザンナの言い訳→
・ジルの疑いがまた少し晴れる→・思い出回想、愛のドゥエット→
・スザンナの衣服にタバコの匂いを強烈に感じて再び疑う→
・短い間奏曲→
・スザンナは困惑する→・スザンナの悲しみのアリア→
・ジルは友人との約束のため外出→・その隙にスザンナはタバコを一服→
・ジルが突然帰ってきて、タバコの匂いを強烈に感じてさらに疑いが強まる→
・ジルは浮気相手を捜索、再度外出する→・スザンナは再びタバコを吸う→
・スザンナはジルへの愛を歌う→・ジルが窓から侵入→
・疑いの原因は彼女のタバコだったことに気がつく→・ジルは謝罪する→
・2人でタバコを吸う→・サンテが一人たばこを吸う→・ハッピーエンド

　ヴォルフ＝フェラーリはこの簡潔な物語に、ジルは疑いと怒りのモチーフ、愛情と思い出のモチーフ、スザンナはタバコと秘密のセナーノ、ジルへの変わらぬ愛のモチーフなどを用いている。50分〜60分の物語なので展開が非常に速いが、複雑な感情もすべてオーケストラと共に書かれているので、役者も明確な言葉を発することによって物語の内容をしっかり浮き出すことができるように書かれている。

《スザンナの秘密》の成り立ちと音楽分析　3－7
エンリコ・ゴリシャーニ

　エンリコ・ゴリシャーニ(1848年12月25日-1918年2月6日)はイタリア・ナポリ生まれ台本作家、翻訳家で"Giornale per tutti"ペル・トゥッティ紙の編集長でもあった。彼は"Gazzetta Musicale di Milano"[98]ガゼッタ・ムジカーレ・ミラノ紙に詩を掲載していた詩人で、リコルディ社から"Pagine d'Album"という音楽のための詩集を1885年に出版し有名になった人である。ヴォルフ＝フェラーリの《スザンナの秘密》、《恋はお医者》《マドンナの宝石》の台本を書いている。特にフランス語で書かれた原作の場合とナポリ方言や民話の解釈などが必要な作品において、ヴォルフ＝フェラーリと仕事をしていた。他の作曲家との仕事もしており、ポンキエッリ作曲の《マリオン・デュ・ローム》(1885年)、チレア作曲《ジーナ》(1889年)、ジョルダーノ作曲《海辺》(1888年)、パオロ・フロンティーニ作曲《ネッラ》(1881年)、ジャコモ・スタッチョーリ作曲《アドリアーナ・ルクブルール》(1903年)などの台本も手がけている。特にナポリで出会っていたであろうパオロ・フロンティーニ[99]の曲に多く詩を書いている。

　1883年パオロ・フロンティーニ作曲、ゴリシャーニ作詞で"Un fiore sul verone"（バルコニーに咲く一輪の花）というロンバルディア地方の民謡を作っていて、ゴリシャーニの特色として伝統的な韻律や比喩を用いた美しい詩を書いている。フロンティーニは他に歌曲作品《50のシチリア地方の民謡集》や《ナポリ地方の民謡集》など地方の方言を用いた作品を残している　。おそらくヴォルフ＝フェラーリが《トスカーナ地方の44のリスペット》を作曲する際に、ゴリシャーニを通して彼の作品を知っていたであろうし、さらにはフーゴ・ヴォルフが同じ恋愛詩を用いて1892年から96年にかけて≪イタリア歌曲集第1巻・第2巻≫"Italisches Liederbuch1・2"をドイツ語で作曲された作品を聞いて影響を受けていたのかもしれない。どちらにしてもこの時代には方言を用いた歌曲の流行もあった。ゴリシャーニが書いた詩は他に《2つの魂の物語》"Storia di due anime"アンドレア・ドリア作曲、1909年《ア

---

[98] Gazzetta musicale di Milano は、Giovanni Ricordi（1785-1853）が1842年〜1862年、1866年〜1902年に発行した週刊誌で、ベッリーニ、ドニゼッティ、ロッシーニ、ヴェルディといったイタリアのオペラ作曲家の記事を多数取り扱っていた。

[99] Francesco Paolo Frontini（1860-1939）シチリア生まれのイタリアの作曲家、指揮者。オペラ、交響曲も作曲していたが、特にシチリアやナポリの方言を用いた大衆音楽集は大変評価された。

ヴェ・マリア》"Ave Maria"カッジャーノ・ネストレ[100]作曲、《月の光》"Ad un raggio di luna"リッカールド・カンマラーノ作曲、1881年《海よ！》"Al mare!"リッカールド・カンマラーノ作曲、1874年《眠れ、愛する人よ》"Dormi, amor mio!"クラウディオ・コンティ作曲、《月よ、黙って私を見るのかい？》"Luna, mi guardi e taci?"クラウディオ・コンティ作曲など多数存在している。ゴリシャーニは歌曲にも詩を書いたが、オペラの台本も手がけることが多く、25作品の下記のオペラ台本を書いている。

1875年 "Mamma Angata a Constantinopoli"　Leopoldo Mugnone
1875年 "Il Pipistrello"　Nicola De Giosa
1876年 "Carlo di Borgogna"Pietro Musone
1878年 "Lida Wilson"　Ferdinando Bonamici
1878年 "Il conte di San Romano"　Nicola De Giosa
1878年 "Griselda"　Giulio Cottrau
1879年 "Il ritoratto di Perla"Cesere Rossi
1880年 "Sogno d'amore"　Cesare Bernardo Bellini
1881年 "Nella"　Francesco Paolo Frontini
1882年 "Rabagas"　Nicola De Giosa
1884年 "Cordelia dei Neri"　Ferdinando Aldieri
1885年 "Marion Delorme"　Amilcare Ponchielli
1887年 "Cimbelino"　Niccolò van Westerhout
1887年 "La vita è un sogno"　Calderon de la Barca
1888年 "Marina"　Umberto Giordano
1889年 "Gina"　Francesco Cilea
1889年 "A Santa Lucia"　Pierantonio Tasca
1900年 "Anita"　Elisio Morales
1903年 "Adriana Lecouvreur"　Giacomo Staccioli
1909年 "Il segreto di Susanna"　Ermanno Wolf-Ferrari
1911年 "I gioielli della Madonna"　Ermanno Wolf-Ferrari
1913年 "L'amore Medico"　Ermanno Wolf-Ferrari

ヴォルフ＝フェラーリのオペラの台本はゴリシャーニが 61 歳になってからの仕

---

[100] Nestore Caggiano（1888-1918）イタリアの作曲家、カンパーニャ州カッジャーノ生まれ、ナポリで活躍した作曲家、オペラはほとんど書いていないが、主に室内楽や交響曲、歌曲などを手がけた。

事で、台本作家としてもそうとう熟練した頃であった。こうして作品を見ると改めて南イタリアの台本やフランス語の台本が多いことが分かる。
エンリコ・ゴリシャーニが作詞したパオロ・フロンティーニ作曲《バルコニーに咲く一輪の花》を作例として記載しておく。

《Un fiore sul verone》　Enrico Golisciani（1883）

Bella dall'occhio color del mare,
Non lusingarti coll'aspettare.
Sul tuo verone hai posto un fiore-
Verrà l'aprile, e olezzerà-
Ma il giovanetto, tuo solo amore,
Partì per sempre, nè tornerà

O poveretta, angoscia e pianto
A te l'amore costò soltanto!
Chiudi il varone de la tua stanza-
Togli quel fiore che vi sta sù
Fu vano sogno la tua speranza.
Non aspettarlo, non torna più

《バルコニーに咲く一輪の花》E・ゴリシャーニ

海の色のような瞳をもつ美しい人よ
待つことに希望を持ってはいけない
君のバルコニーにある花のスペースから
春よ、早くおいで、と香りを放つだろう
でも若者よ、君の恋心は
永遠に戻ってこない

かわいそうな女、苦しみに耐えられなく
君にただ愛と涙が覆いかかる
バルコニーの扉を閉めて

そこにある一輪の花を摘み取るのだ
希望は一夜の夢のように消え去った
もう彼を待つな、もう戻ってこないのだから

　ゴリシャーニの作詞には"Mare"（海）"Luna"（月）をよく用いて作詞されていて、ナポリ民謡を思わせるような単語を用いていることが多い。この曲はナポリ方言を用いていないので、ナポリ民謡集[101]には入らないが、ゴリシャーニの詞の中には、どこかナポリ風なイントネーションを用いているように感じる。詩の構成としては、10音節詩行[102]を用いて、4、6、10、12行目にトロンカメント[103]を用いて一定のリズムを作っている。女の心をバルコニーに例えて、心の片隅に咲く一輪の花を用いることで別れの寂しさを表現し、バルコニーの扉を閉めることで閉ざされた心を表現した悲しい恋の物語を歌にしている。この詩を見て分かるように、ゴリシャーニは非常に美しく、切なさに溢れた言葉を使ったロマンツァ作品が非常に得意な作詞家で、《スザンナの秘密》でもジルの疑いだけではなく思い出のシーンや愛を語り合うシーンに使われる台詞は大変詩的に美しく作詞されている。上記の曲はパオロ・フロンティーニが当時ナポリ民謡の流行の中作曲したロマンツァ作品として1883年に発表されている。

《スザンナの秘密》の成り立ちと音楽分析　3－8
演奏形態の比較

《奥様女中》"La serva padrona"
全2幕の幕間劇　"Intermezzo in due atti"
配役　ウベルト（バス）セルピーナ（ソプラノ）ヴェスポーネ（黙役・俳優）
演奏時間は約45~50分（1幕24分、2幕26分）
オーケストラ（ヴァイオリンⅠ、ヴァイオリンⅡ、ヴィオラ、チェロ、コントラバス、チェンバロ）

---

[101] Canzone Napolitana、ナポリ民謡と和訳されることが多いが、実際はナポリ方言歌曲のような意味合いで、大衆的に人気を得たのと同時に多くのオペラ歌手もこれらの曲をレパートリーとした。
[102] Decasillabo（10音節詩行）アクセント3、6、9音節にかかるケースが多いが、この詩行の場合4と9音節にアクセントを作っている
[103] トロンカメント、文末にトロンコ"parola tronca"アクセントが語末の音節にくる単語を用いた場合、1音節少なくなるが、この場合10音節と数える。

《スザンナの秘密》"Il segreto di Susanna"
全 1 幕の幕間劇"Intermezzo in un atto"
配役　ジル伯爵（バリトン）スザンナ伯爵夫人（ソプラノ）サンテ（黙役・バス・俳優）
演奏時間は約 45~50 分（前奏曲 3 分、前半 20 分、間奏曲 1 分、後半 21 分）
オーケストラ（ピッコロ、フルート 2、オーボエ 2、クラリネット 2、ファゴット 2、ホルン 4、トランペット 2、トロンボーン 3、ティンパニ、グロッケンシュピール、グランカッサ、シンバル、トライアングル、タンバリン、バスドラム、チェレスタ、ピアノ、ハープ、ヴァイオリンⅠ、ヴァイオリンⅡ、ヴィオラ、チェロ、コントラバス）

　≪スザンナの秘密≫の構成は、ペルゴレージ作品の弦楽 5 重奏に通奏低音という古典的なバロック音楽スタイルに比べると時代は 174 年も過ぎていて、ヴォルフ＝フェラーリ作品はオーケストラの編成もワグナーの影響が非常に強い、彼ならではの編成で金管楽器が目立つ編成となっている、そのため非常に音楽も厚く、さまざまなモチーフを譜面上に書いているので、オーケストラはもちろん、歌手としても演奏するために大変苦労する作品である。

　構成は序曲に小さな間奏曲があり、大まかに 1 幕 1 場の前半はジルの歌唱が中心的に書かれており、後半はスザンナの歌唱が中心的に書かれている。1 幕の場面は同じでも、音楽的な区切りとして、間奏曲の前と後ろの 2 つに分けることが出来る。

　またペルゴレージ作品のように、レチタティーヴォ、アリア、ドゥエットと明確に分かれた番号オペラではないので、歌唱部分と物語の進行を担うレチタティーヴォが音楽の流れの中に組み込まれていて、作品としても《ファルスタッフ》のように感情の起伏の流れが止まらないように、レチタティーヴォと歌唱部分の区分けなく書かれている。従来のインテルメッツォのイメージとはかけ離れた大オーケストラ編成で、ドラマティックな[ffff]から、繊細な涙を表現した[ppp]まで求めており、ト書きもかなり詳細まで書かれて、20 世紀初頭としては新鮮な作風を用いて作曲されている。

《スザンナの秘密》の成り立ちと音楽分析　3－9
スコアに記載された練習番号について

　1893年にミラノ・スカラ座で初演されたヴェルディの《ファルスタッフ》のように《スザンナの秘密》には厳密な区切りはないが、スコアに記載されている練習番号[104]を参考にしながら、物語の進行にあたって以下（表１）のような区切りを付けることができる。

　《奥様女中》はレチタティーヴォによって物語に展開が生まれるが、《スザンナの秘密》は音楽の変化と共に物語が進行するので、区分が多くなっている。細かい話の展開を進行するためのレチタティーヴォ風な会話部分と役者の心情や役者の性格を現すアリア、ドゥエットで成り立っている。そういったオペラの作り方からも、《奥様女中》と《ファルスタッフ》の影響をしっかりと読み取ることができる。《スザンナの秘密》を《奥様女中》関連つけさせて大きくまとめると、前半は前奏曲と壮大なジルのアリア、フィナーレ（二重唱）となり、後半は間奏曲とスザンナのアリア、二重唱、スザンナのアリア、フィナーレ（二重唱）となる。物語の進行を考えて区分けするとしたら、次の音楽分析にて10の項目に分けることができる。

　この方法は既に《好奇心の強い女たち》や《４人の田舎者》でも使われていて、言葉の扱いに関して素晴らしい効果を上げている。大きく《スザンナの秘密》の展開をテーマごとに分けると、（表２）のようになる。スザンナへの疑いを持つところに短調(g-moll→c-moll→d-moll)、ジルがスザンナとの愛を歌うところが長調(Es-dur)、スザンナがジルに冷たくされて嘆くアリア＜そんな風におきざりにしないで＞が短調(g-moll)、スザンナのタバコのシーンと煙のアリアは長調(E-dur)と唯一シャープ形になっている。そして前奏曲と後奏は常に明るく(D-dur)で統一されている。

---

[104] 《スザンナの秘密》のスコアは1048小節で作られており、練習番号は84番まで設定されている。

(表1)

《奥様女中》の演奏形態

第1幕"Intermezzo primo"
1、アリア(ウベルト)
2、レチタティーヴォ(ウベルト・セルピーナ)
3、アリア(ウベルト)
4、レチタティーヴォ(ウベルト・セルピーナ)
5、アリア(セルピーナ)
6、レチタティーヴォ(ウベルト・セルピーナ)
7、ドゥエット(ウベルト・セルピーナ)

第2幕"Intermezzo secondo"
1、レチタティーヴォ(セルピーナ・ウベルト)
2、アリア(セルピーナ)
3、レチタティーヴォ(ウベルト・セルピーナ)
4、アリア(ウベルト)
5、レチタティーヴォ(セルピーナ・ウベルト)
6、ドゥエット(セルピーナ・ウベルト)

《スザンナの秘密》演奏形態　[練習番号]

第1幕"Intermezzo in un'atto"
1、前奏曲
2、レチタティーヴォ(ジル・スザンナ)[1,2]
3、アリア(ジル)[3-5]
4、レチタティーヴォ(ジル・サンテ)[6]
5、アリア(ジル)[7,8]
6、レチタティーヴォ(ジル・スザンナ)[9,10]
7、アリア(ジル)[11-14]
8、レチタティーヴォ(ジル・スザンナ)[15]
9、ドゥエット(ジル・スザンナ)[16-21]
10、レチタティーヴォ(ジル・スザンナ)[22-24]
11、ドゥエット(ジル・スザンナ)[25-34]
12、間奏曲"Interludio"[35-39]
13、レチタティーヴォ(ジル・スザンナ)[40]
14、アリア(スザンナ)[41-47]
15、レチタティーヴォ(ジル・スザンナ)[48-52]
16、ドゥエット(ジル・スザンナ)[53-63]
17、レチタティーヴォ(スザンナ)[64,65]
18、アリア(スザンナ)[66-72]
19、レチタティーヴォ(ジル・スザンナ)[73-74]
20、ドゥエット(ジル・スザンナ)[75-84]

(表2)
①前奏曲(D-dur) →②ジルのモノローグ(g-moll) →③スザンナへの思い(Es-dur) →④ジルの疑い(g-moll) →⑤再びスザンナへの思い(Es-dur) →⑥愛の思い出(C-dur) →⑦激しいジルの疑い(c-moll) →⑧間奏曲(Es-dur) →⑨スザンナの悲しみ(g-moll) →⑩タバコへの思い(E-dur) →⑪再びジルの疑い(d-moll) →⑫スザンナの煙の歌(E-dur) →⑬タバコの発覚(A-dur) →⑬和解(D-dur)

《スザンナの秘密》の成り立ちと音楽分析　3－10
《スザンナの秘密》音楽分析と10の項目

1）前奏曲
（A43小節目　B66小節目　C92小節目　D101小節目　E113小節目
　F137小節目　G143小節目　H154小節目）

　わずか3分程度の前奏曲だが《スザンナの秘密》の中では特に有名で、前奏曲だけ演奏されることもよくある。曲は、まるで伯爵家でこれから起こる事件を予想しているかのようにVivacissimo（たいへん生き生きと）のテンポで激しく、明るく演奏される。ニ長調（D-dur）を用いることで、幕の始まりにふさわしいイタリアらしい陽気さが表現されている。この前奏曲では伯爵家の忙しさや、明るさ、それはジルの散歩の音楽でもなく、スザンナが隠れてタバコを吸っている情景でもない。これから起こる事件の前触れであり、伯爵家の平穏で、幸せに満ちた生活を、よりイメージできるように作られている。この後ジルが血相変えて帰宅する時のト短調(g-moll)と対比をつけているとも言えよう。例えばこのシーンで考えられる状況と言えば、昼食の片付けをしている召使いサンテ、舞台左手の書斎もしくは寝室で散歩着に着替えていて先に外出したジル、同時に舞台右手の部屋（サロン）でスザンナが赤いマントに着替え、ジルが出かけたかどうかをサンテに確認していて、自分も一服をするために外出しようとしている音楽として捉えることができる。

　この前奏曲には4つのテーマが使われており、そのテーマがそれぞれ重なり合うことでこの物語の明るさや忙しさを表現している。ひとつはテーマ1（譜例①）、このフレーズを2回続ける。ピッコロ、フルート、オーボエ、ヴァイオリンⅠがメロディを主に担当している。そしてもうひとつのテーマ2（譜例②）は、テーマ1と交代でホルン、トランペット、ハープ、ヴァイオリンⅡ、ヴィオラ、チェロが担当する。そして練習番号Aでテーマ1とテーマ2が組み合わさりクレッシェンドしてゆく。そしてフルート・クラリネットの奏でるテーマ3（譜例③）が練習番号Bから美しいメロディを奏でていき、徐々にオーボエも参加してこのテーマを広げてゆく。その後、テーマ4（譜例④）は練習番号Cから、ピッコロ、フルート、オーボエ、ク

ラリネットの担当でテーマを展開してゆく。そして練習番号回からはテーマ１，２，３を組み合わせて構成し、そのまま練習番号Ｉではテーマ４も組み合わさり壮大な前奏曲となってゆく。

①

②

③

④

2）ジルのモノローグ（①17小節目〜⑧184小節目）

　前奏曲 D-dur の明るさが突如 g-moll の暗い調に変わり、雷が落ちたような音楽と共に物語は始まる。この[Furioso]の演奏形態は"ジルのテーマ"（譜例⑤）としてジルの疑いが激しくなるときに使われるモチーフである。このモノローグの中でよく使われる歌唱形態として、ジルの心の中の疑惑を独り言のように歌唱できるように記譜している。こういったところはヴォルフ＝フェラーリの言葉の記譜にセンスが感じられる（譜例⑥）。ジルの疑いと怒りの歌唱形態とオーケストレーションは全て[Furioso]のモチーフで作られていて、ジルの性格を現している。ジルの頭の中で巡っている詮索が次第にクレッシェンドしていき、その間に木管と弦楽によって埋められるスタッカート（譜例⑦）やクレッシェンド・デクレッシェンドでタバコの匂いが充満している様子を表現（譜例⑧）しながら、少しずつジルの疑いがタバコの煙のように広がってゆく手法を使っている。このモノローグの構成は以下のようになっている。

前奏[Furioso]→練習番号 1,2 番[Recitativo]→練習番号 3,4,5 番[Aria][Moderato con spirito]→練習番号 6 番[Recitativo]→練習番号 7,8[Aria][Moderato]

　練習番号 7 番はスザンナが舞台右手の部屋（サロン）で"スザンナのテーマ"をチェンバロで演奏するシーンで、このテーマはスザンナが登場する時や 2 人の心が分かち合っているときに使われるモチーフである。ここでは遠くから（もしくは舞台裏から）聞こえる Es-dur で明るく書かれたチェンバロの音色にジルの短調で書かれた台詞を歌うことによって、チェンバロの音色はまるでスザンナのジルへの一途な恋心のように表現される。ジルも愛しているが疑念を拭えない心境が対照的に書かれている（譜例⑨）。そしてジルはこの愛おしいチェンバロの音色に魅了され、徐々にスザンナへの疑念が和らぎ、音色が止まってしまったと同時に、愛らしいスザンナの様子を片隅から見つめながら、スザンナへの疑念を否定してゆく。

⑤

⑥

⑦ ⑧

⑨

3）ジルの困惑（⑨185 小節目〜⑮258 小節目）

　"スザンナのテーマ"が演奏された後、まさか自分の外出がばれているとは思っていないスザンナはジルの帰りを喜ぶ。Es-dur の長調のままだが、ジルのレチタティーヴォはつねに短調の余韻を残しながら書かれ、スザンナの微妙な変化にすぐまた短調 g-moll へ移調する。そして練習番号 12 番でジルの情熱的なアリアと共に疑いを再度否定してまた長調 Es-dur に戻る。このジルの情熱的なアリアの前に、疑いが晴れるための決定的なフレーズがスザンナによって歌われるが、このフレーズも《オテロ》のデズデーモナの三幕と同じようにオテロの疑いを晴らす場面を思い出させる（譜例⑩）。このようにジルは疑いを持つと短調になり、疑いを否定してスザンナとの愛を意識すると長調になる。このスザンナへの思いの構成は以下のようになっている。

練習番号 9,10[Recitativo]→練習番号 11,12,13,14[Aria][A tempo con anima]→練習番号 15[Recitativo]

　この練習番号 11 番からのジルのアリアは練習番号 12 番から Es-dur に転調をして、長いフレーズをほとんど休符なしで歌わなければいけないので、歌手にとっては大変難しいパッセージである。しかもフルート、クラリネットが交互に美しいレガートで旋律を助けていることや、美しいヴァイオリン 1 もほぼ歌と同じ形で進んでいるので、歌唱はテンポを緩ませないように歌わなくてはいけない。このアリアのテーマの中に半音階の下降形が度々出てくるが、まるでジルがスザンナにまたさらに恋に落ちているような表現だ。歌唱部分でもオーケストラとの対照を出すために、半音階の下降をしっかり歌うことが大切である（譜例⑪）。練習番号 13 番 3 小節目から半音階の下降形が、ヴァイオリン→歌→フルート、クラリネット、ファゴットの順番で流れ、ホルン、オーボエ、ハープなどが入って音の幅が広がっていく構造は、ジルのスザンナに対する気持ちが徐々に高くなっていくことをうまく表現している。そして今までの半音下降形はフルートとクラリネットによってさらに明確な下降形（譜例⑫）となり、ジルは自ら誤った疑いを持ったことを反省する、しかしホルンのミステリアスな音が鳴り、タバコの煙のことを思い出す（譜例⑬）。練習番号 15 番で 2 人はいったん離れて、それぞれ違うことを考えている。この空白のようなこのシーンに 4 小節目からホルンの刻みがまるで時計の刻みのように正確に演奏される（譜例⑭）。その刻みにあわせてスザンナ、ジルのレチタティーヴォがあ

るが、このレチタティーヴォも正確なテンポで歌うことで、舞台上の時間の流れが統一されるように作られている。

⑩

⑪

⑫

⑬

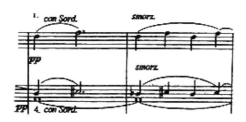

⑭

4）愛の思い出（⑲259小節目〜㉑334小節目）

　ここは前半部分に仮におかれるフィナーレの始まりである。先の"時計の刻み"のようなホルンが、クラリネット、ファゴットにそして弦楽器に移ってゆき、それまでの4拍子の刻みが3拍子に溶け込んでゆき、Es-durから徐々にフラットが取れてC-durに変わる（譜例⑮）。この"時計の刻み"がこの前奏の間に2人の出会った頃にタイムスリップするかのようである。疑いを信じたくないジルはスザンナを見て、たくさんの思い出を語りだす。思い出の中にはいつも変わらない、愛するスザンナがいるのだ。フルートによって演奏される"天上の音"のような美しい演奏がこのドュエットの雰囲気を夢のように表現している。まるで二人の美しい思い出で、ジルの疑いを消し去るように演奏される（譜例⑯）スザンナが"思い出のテーマ"（譜例⑰）の旋律を1回目[pp]で、2回目は[quasi niente più pp]でほとんど声にならないような細い声で繰り返すことでスザンナの意地らしく可愛らしい性格を表現してい

る。その間にも常に"天上の音"のフルート演奏が続きクレッシェンドしてゆく。このドゥエットは以下のように構成されている。

練習番号 16 番「前奏」→練習番号 17 番「ジルの回想」→練習番号 18 番「スザンナの回想」"思い出のテーマ"→練習番号 19,20,21 番「2 人の回想」

練習番号 19 番でジルとスザンナはお互いの思い出を語り合う。まるでお互いの愛を確かめ合うようだ。ここで美しいヴァイオリンが二人の共有する"出会った頃の思い出"を奏でる（譜例⑱）。始めはお互いがまだ照れて話しにくいような雰囲気、そして"io ti sfuggivo""io t'inseguivo~"の語り合いの間に二人が追いかけ合っているような下降形とトリルの演奏も非常にうまい情景を表現している。そして2人にとって大切な"初めてしたキスの思い出"をジルは力強く強引に 3 連符の後の高音で歌うように書かれており、スザンナは高音のロングトーンでいかにも強引にキスを奪われたかのように書かれている（譜例⑲）。そしてヴァイオリンが下降形のトリルを繰り返す事でスザンナがキスを奪われた後、次第に力が抜けてゆくように書いてある(譜例⑳)。フルートの"天上の音"が少しずつ大きくなり、ヴァイオリン、オーボエも入ってさらに強くなり、クラリネット、ホルンは練習番号 19 番の"出会った頃の思い出"（譜例⑱）と同じ旋律が書かれており、そしてスザンナとジルによって"思い出のテーマ"（譜例㉑）が<ff>で歌唱される。ついにはハープの上昇形と"天上の音"によって歌詞にもある"paradiso"（天国）が完成される。ヴァイオリンの美しい対旋律が奏でられ、そしてジルとスザンナは初めてユニゾンして"d'un paradiso che ci beò"とヴァイオリンの長い C 音の連続で、永遠の愛を誓うかのように書かれている。

⑮

⑯

⑰

⑱ · ⑲

⑳

㉑

5）ジルの疑念（㉒335小節目～㉝480小節目）

　練習番号 21 番の最後の C-dur で解決した和音とともにジルとスザンナは抱き合うのだが、スザンナの衣服からタバコの匂いがすることに気づくジルは、前の"回想シーン"で愛を確かめ合ったのに、衣服に染み付いたタバコ臭で再び彼の疑念を一気に起こさせる原因となる。音楽は練習番号 1 番の"Mantiglia grigia.."と同じ形態を使っている。この瞬間に物語は振り出しに戻ってしまい、インテルメッツォに不可欠な「どたばたシーン」にむけて音楽もかなりテンポが速くなる。この部分の構成は以下のようになっている。

練習番号 22,23,24 番[Recitativo]→練習番号 25,26 番「ジルの怒り」→練習番号 27 番「スザンナの怒り」→練習番号 28,29 番「喧嘩のシーン」→練習番号 30,31,32,33 番「どたばたシーン」

　スザンナの狼狽した姿を見て、ジルの疑いはますます強くなる、スザンナは練習番号 22 番で"Ahime!"とヴァイオリンが同じ音で動くのだが（譜例㉒）、練習番号 23 番になると同じ音形がフルート、クラリネット、ファゴットで演奏、スザンナの"Ahime!"と一拍ずれて演奏される（譜例㉓）、それによってスザンナの動揺がうまく表現される。

　練習番号 24 番では 4 分の 4 拍子に変わる。ハープ、ピッコロ以外の全ての楽器による不吉な sff の始まりから、フルートとクラリネットのロングトーンで不吉な余韻として残る、その間にまたジルの尋問が始まる。ジルの"Susanna! Non negarlo! Tu covi!"からロングトーンが半音上がり、その後もジルの感情の高まるにつれてオーケストラも半音あがる。ジルも"Susanna!"の呼びかけの部分で Es-E-F-Fis-G と半音

ずつ上がってゆき、少しずつ疑惑が膨らんで行くことを表現している。特に練習番号24番13小節目にある半音が1小節に3回上がるところや半音が2回続けて上がるところは、気性の激しいジルの感情を明確に出せるポイントとなる（譜例㉔）。練習番号25番から[presto]4分の2拍子(4分音符＝2分音符)となる。ジルに与えられているト書きは[esasperato all'eccesso]（行き過ぎた感情）[tra pianto e sdegno]（屈辱に涙しながら）で、音楽的には常に半音階の下降形となって、台詞は4音節ずつ分けて歌唱するようになる（表1）。

（表1）

Ah! Scellerata(4)
Da tua madre(4)
Da tua madre(4)
Quella femmina(4)
Esemplare(4)
Per austera(4)
Dignita`(4)
Che giammai(4)
Non s'è permessa(4)
Di sifatte(4)
Enormità(4)
Questo è il colmo(4)
Taci là(4)
Tali orrori(4)
Me li dici(4)
Con quel tono(4)
Da innocente(4)
Me li dici(4)
Come niente(4)
O model di(4)
falsità(4)
sciagurata(4)
questo è il colmo(4)
Ma cospetto(4)

Basti, basti(4)

Io più gonzo(4)

Non sarò(4)

　練習番号 27 番ではスザンナは屈辱に涙しながらレガートで歌い、ジルは激しく 4 音節ずつ分かれた台詞を連続することで 2 人の感情のコントラストが生まれる。ジルが激しさを増して歌うところは[ff]、スザンナが歌うところは一転して[pp]になる。楽譜上にはオーケストラに 1 小節の間で[sff から]デミニュエンドして[p]からクレッシェンドしてスザンナの歌唱に入った部分でまた[p]にするという細かい指示がある（譜例㉕）。

　練習番号 31 番では弦楽器の 3 連符の連続のクレッシェンドによって、ジルはまず身近にあるカップや手袋を投げる。その際、ジルに"Toh!,Toh!,Toh!,Toh!"という台詞があり、ジルの歌唱に対してオーケストラは全て裏拍で入る（譜例㉖）。スザンナの音楽はフルート、オーボエ、クラリネット、ヴァイオリンⅡ、ヴィオラが半音階の上下を繰り返し、不安定な心情を表現する（譜例㉗）。2 回目の"Toh！〜"では暇つぶしのためのおもちゃや本を舞台奥から持ち出して投げる。3 回目の"Toh!〜"ではいす、肘掛け椅子などをつかみにかかり、その後にヴァイオリンとヴィオラの下降形がそれらを壊しているように表現される（譜例㉘）。"激しいジルの疑い"から"どたばたシーン"までは台詞の言い出しの表拍と裏拍を交互に使い分けることによって巧みにフレーズのアクセントを操作し、役者の性格や場面の状況を大変うまく表現している。それはヴォルフ＝フェラーリがスコアを丸暗記していたヴェルディの《ファルスタッフ》から受け継がれた、言葉のテンポ感を重要視したコミック・オペラの手法を用いているように考えられる。

㉒

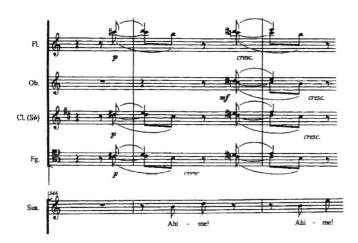

6）間奏曲（㉞481 小節目～㊴543 小節目）

　[Interludio]という名目で置かれている短い間奏曲だが、《奥様女中》をモデルとした 2 幕の幕間劇を印象付けるため大きな効果を出している。二人が大きく争った後に生まれる虚しさや悩みをこの[interludio]で表現しつつ、これからスザンナとタバコが中心となる物語からハッピーエンドまで進めるために必要な部分でもある。[lo stesso movimento]のテンポでヴァイオリンⅠとヴィオラによる Fis の音からヴァイオリンⅡ、ヴィオラで F の音、そのまま E の音と半音ずつ下がり休符の間隔も広くなってゆく。始めは 2 人の興奮が冷めて行くように作られている（譜例㉙）。そして[Tranquillo con grazia]になり"スザンナのテーマ"がクラリネットで演奏され（譜例㉚）、弦楽器は旋律を支えるための伴奏のように演奏される。特にヴァイオリンⅠが 16 分音符で構成されたクレッシェンド・デクレッシェンドを不吉な予兆のように演奏する（譜例㉛）。美しい旋律に対して忍び寄る不吉な予兆がこの間奏曲の中でもしっかりと物語を運んでいる。ヴァイオリンⅠの不吉な予兆を打ち消すように、クラリネットから旋律を受け継いだヴァイオリンⅡが[espressivo]で旋律を奏でる。練習番号 38 番から"スザンナのテーマ"は一気に情熱的になり、まるで 9 小節目の[p]、10 小節目の[più p]のとても繊細な表現があることで、スザンナの愛情の深さや心優しさも感じられるようだ（譜例㉜）。そのままこの美しい旋律は見事に開花し、またクラリネット、フルートによって旋律は繰り返され、弦楽器の[pp]のロングトーンから、フルートのロングトーン、その間にまた"不吉な予兆"がチェロによって演奏され、ファゴットとホルンのロングトーンのみ残り、ジルの疑いのシーンに使われる g-moll に転調する。

7）スザンナの秘密（50 544 小節目〜52 669 小節目）

　練習番号 9 番のジルが本格的な疑いをスザンナに持ち始めたシーンと同じ調に戻る。この調に転調すると、ジルがスザンナに猜疑心を持ち、尋問するシーンになる。[cupo]（憂鬱）なジルに対して、スザンナは夫人の役目としてジルが予定していた外出のために衣類などを用意する。ジルの台詞には不吉な和音、スザンナの台詞には美しい和音が使われていて、スザンナの潔白・純真な気持ちを表すように書かれている。スザンナはまだショックから立ち直っていない表現が求められていて、ほぼ高低のない音程で作られたフレーズを歌唱する（譜例㉝）。スザンナのアリア"Via cosi non mi lasciate,"はこの箇所だけを抜き出して演奏会等で使われることも多いヴォルフ＝フェラーリの傑作である。前奏はオーボエの美しい旋律で始まる。間奏曲で使われた"スザンナのテーマ"を思わせる音楽形態が前奏 5 小節目の旋律の閉じ方に使われている（譜例㉞）。ヴォルフ＝フェラーリがスザンナのキャラクターに与えたかった性格を表現するためによく指示されている[grazioso]と[delicato]がスコアのいたるところに書かれている。このアリアは"スザンナのテーマ"と、スザンナの歌いだしの"Via cosi non mi lasciate"の旋律"嘆きのテーマⅠ"（譜例㉟）とジルが練習番号 44 番に歌唱する"Ah che vocina dolce"の旋律をモデルとした"嘆きのテーマⅡ"（譜例㊱）がさまざまな楽器によって繰り返し演奏され、まるでスザンナの嘆きにジルの相槌が聞こえるかのように演奏される。"嘆きのテーマⅠ"はフルート→クラリネット→オーボエ→クラリネット→→フルート→クラリネット→フルート→クラリネットと続けられ、"嘆きのテーマⅡ"は常にヴァイオリンⅠとピッコロで演奏される。このアリアでスザンナの美しさに魅了されたジルは、彼女の額にキスをする。キスはハープによって演奏される練習番号 48 番 4 小節目と同じタイミングで行われ、そのまま弦楽器による[poco sostenuto]でキスが続けられ、ハープのフェルマータでキスが終わるかのように書かれている（譜例㊲）。その後はレチタティーヴォが続けられ、スザンナが「お帰りのときは、強くノックしてね」と言う発言に対し、ジルはまた再度疑いを持つ。スザンナの和音は明るいのに対して、疑いを持ったジルの和音は非常に暗く作られており、まだ問題が解決していないことを表しながらジルは外出する。ジルの外出にやっと気が抜けたスザンナはあたりがすっかり暗くなっていることに気づき、ランプに灯をともし、長いレチタティーヴォに入る。レチタティーヴォの形態はヴェルディの影響を感じ、特に出だしの部分は《椿姫》のヴィオレッタとジェルモンの 2 重唱のレチタティーヴォをイメージさせる（譜例㊳）。そして"タバコのテーマ"（譜例㊴）から始まり g-moll から E-dur へ転調する、ハー

プの上行形と同時にサンテが舞台奥の扉から登場。非常にゆったりとした"タバコのテーマ"は弦楽器で演奏される。煙を表現するために、オーボエとファゴットの演奏でスザンナが煙を口元から吐いているような表現があり、煙が上空へ漂う音楽を[Adlib. Cadenza Adagio]で8分の3拍子を設定してクラリネット(譜例㊵)とフルート(譜例㊶)によって演奏されるように書かれている。もし演出面で実際に煙を流すとしても、煙の立ち上り方によって演奏方法を変えられるように自由なテンポ設定やアドリブ演奏が出来るように書かれている。煙が立ち上っているゆっくりとした情景の中、舞台奥の扉がノックされる。オーケストラの弦楽器とトランペットとグロッケンに明確なトリルの指定が書かれており、大きくクレッシェンドすることで事態の大きさを表現している(譜例㊷)。

㉝

㉞

㉟

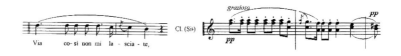

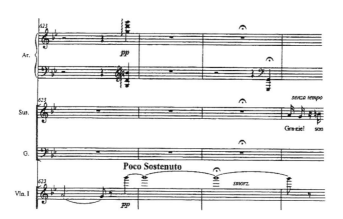

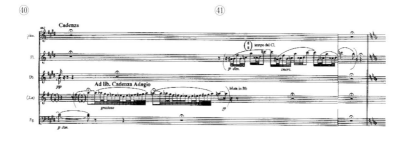

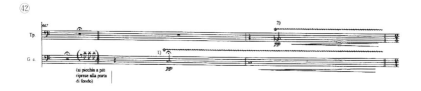

8）ジルの嫉妬（㊼670小節目～㊽827小節目）

[sff]から始まるヴァイオリンの激しい下行形からスタートし、[furioso]と共にジルが登場（譜例㊸）し、完全に疑いに満ちた表情で周りを見回す。コントラバスとチェロ、ティンパニで低音の忍び寄る不吉な音がジルの猜疑心を表現し、詮索が始まる。ヴァイオリンⅠとヴァイオリンⅡ、ヴィオラ、クラリネット、ファゴットが台詞の後に交互に"詮索のテーマ"を演奏することにより、タバコの匂いがしつこく漂っているように表現されている（譜例㊹）ここでジルは舞台右手スザンナの部屋へ疑いの人物を探しに侵入する。8小節目で戻ってきて"Non c'è!"そして別の扉を開ける。台詞との間にヴァイオリンⅠとピッコロが細かいところまで探しているジルの執着心の強さを感じさせるフレーズを、交互に演奏する。ジルの"Tacete, tacete, o casta Susanna"のフレーズが、まるでシューベルト作曲《魔王》のフレーズのように流れ（譜例㊺）、恐ろしさを増してゆく。そしてジルが机を叩く音をフルート、オーボエ、クラリネット、ファゴット、ホルン、ティンパニ、ヴィオラ、チェロ、バスとシンバルが担当し8回鳴る、その合間にヴァイオリンⅠ、Ⅱの[ff]が机を叩く音をクレッシェンドさせるように演奏され、[furioso]のテーマにつながり[sf]で怒りの頂点となる。

練習番号56番では再度、チェロとコントラバスの低音の不吉な音が鳴り始め、サ

ンテに命令をする、ヴァイオリンとヴィオラはジルの台詞の間に煙が漂っているかのように散りばめられている"詮索のテーマ"を演奏する。サンテへの命令も、当時絶大な人気を得ていた《トスカ》のスカルピアのアリア《テ・デウム》での命令シーンを思わせるような、手法を用いて同じ音で続けて歌われ、ジルの冷たい口調が表現されている（譜例㊻）。練習番号 58 番にはいると、ジルはもうひとつの部屋、舞台左手にあるジルの書斎も捜索に行く、ピッコロ、フルート、ヴァイオリンで奏でる"詮索のテーマ"がクレッシェンドされてゆくに従い、ジルの度の過ぎた詮索が目に浮かぶように書かれている。そしてジルは舞台中央のサロンに戻ってきたところで、ヴァイオリンⅠ→クラリネット→オーボエ→ピッコロ、ヴァイオリンⅠと"詮索のテーマ"が交互に演奏され、ジルがさらに執着して詮索してゆくように表現している（譜例㊼）。

　練習番号 59 番にはジルの"Non c'è！"という台詞とオーケストラが交互に演奏される手法があり、大変効果的に状況を表現している（譜例㊽）。練習番号 60 番では[sfz]　によってチェロとコントラバスのみが低音から始まり、レチタティーヴォも今まで作ってきた緊張感を持続させるために、スコアに 4 小節に分けて歌うように書かれている。5 小節目にはジルの"Chi？"という台詞がこの作品の中でもっとも疑いが大きく現れるところで[ffff]が記載されている（譜例㊾）。後はスザンナの"l'ombrello"（傘のことよ・・）と応える時の気の抜ける瞬間を表現するために、オーケストラはすべて空白箇所で、ジルとスザンナの対比をつけるために[Adagio]と書かれている。

　練習番号 61 番にはいると早口で"Brigante"遊び人"furfante"悪党"birbone"ペテン師"cialtrone"ならず者"buffone"だらしない奴と 3 音節を同じ音、音符の並びで続けて歌うシーンはヴェルディの《ファルスタッフ》を思わせる（譜例㊿）。その後 6 小節目オーケストラの[ff]で傘を真二つに折る。その後は取って置きの秘策を持っているのか、正気を失いつつあるくらい嫉妬に狂いながら、"絶対に見つけてやる！"とスザンナの不貞を信じきりジルは高飛車に笑いながら退場する。[furioso]が効果的に使われていて、"詮索のテーマ"をフルート、ピッコロ、ヴァイオリンが演奏し、ファゴット、ホルン、トランペット、ティンパニ、ヴィオラが再び[Furioso]を演奏し（譜例㉛）、いかにも雷が鳴り響いているかのように演奏される。次の練習番号 63 番に行くにしたがって、雷が徐々に去ってゆく雰囲気をうまく作っている。

㊸

㊹

㊺

Ta - ce - - te, ta - ce - te o ca - - sta Su - san - na ta - ce - - te, ta - ce - te

㊻

non bu - co, non an-go-lo sfug - gi - re ti dè! Va! Va!

㊼

㊸

㊹

㊺

A Tempo (Presto)

㊿

9）煙の歌（64 828 小節目〜72 929 小節目）

　ヴァイオリンの"捜索のテーマ"の 3 連符がホルンと弦楽器によって 3 連符の尺が伸びてゆき、他の楽器もロングトーンで伸ばした状態のままピッコロ→フルート→クラリネットの下降形による演奏で雷（ジル）が去ってゆく表現がある（譜例52）。その後スザンナのレチタティーヴォに入るが、このレチタティーヴォは[col canto]ではないので 4 分の 3、4 分の 4 拍子のテンポの中で演奏しなければならない。

　ジルが去った後は常にこの[Tranquillo]が付けられる。[Furioso]と[Tranquillo]の対比がこのインテルメッツォの音楽的起伏を非常にうまく表現している。しかもここの[Tranquillo]では物語の進行上、その中でも一番落ち着いた状態を演出しなければならない。4 小節目まではまだ d-moll の雰囲気が残っているが、5 小節目の弦楽器とクラリネットの[ppp]で演奏されるロングトーンからは E-dur に転調する。E-dur はタバコのシーンに入る予兆でもあるので、クラリネットが A の音をロングトーンで延ばしている間に 7 小節目で 4 分の 3 拍子にテンポも変わり、クラリネットはそのまま[accel]と[riten.]を繰り返す"タバコのテーマ"を演奏する。（譜例53）クラリネットが A の音をロングトーンしてそのままフルートのソロにつなぐ。フルートは"第二のタバコのテーマ"としてミステリアスな音階を演奏する（譜例54）。まるでスザンナがジルの異様なまでの怒りに疑問を抱いているように。フルートのミステリアスな音階には、ジルがあそこまで怒る理由が分からないスザンナの純真さを読み取れるが、でも今はやっと開放され、心待ちにしていた唯一の秘密、タバコを吸えると心が躍る。

　練習番号 66 番 3 小節目からソロヴァイオリンが"タバコのテーマ"から"第二のタバコのテーマ"を続けて演奏する。その間にスザンナはソファの上に座りタバコを吸う。"第二のタバコのテーマ"は練習番号 64 番でのスザンナのミステリアスな気持ちと同じく、タバコの煙が立ち上る光景の音楽にも結びついてゆく。そしてそのままクラリネットに旋律が移り"タバコのテーマ"を演奏する。この間にスザンナはタバコを味わい、次のアリアに備えてタバコを休める。練習番号 67 番からはスザンナの"煙のアリア"が始まる。どこかプッチーニ作曲のオペラ《つばめ》に出てくる"ドレッタの夢"に題材も含めて似ているフレーズから始まる（譜例55）。しかしプッチーニの《つばめ》初演は 1917 年なので、《スザンナの秘密》イタリア初演の 1911 年より遅く、ヴォルフ＝フェラーリが影響されたとは考えられない。[Moderatamente mosso] でアンダンテよりも早いテンポで、抑揚はあるがあまり早くならないようなテンポ指定で演奏される。スザンナのパッセージは非常に長いレガートで区切ら

れているので歌唱は大変難しい。5 小節目からチェンバロとヴァイオリン、フルート、ピッコロの演奏によって煙が立ち上る様子を表現する。

　練習番号 68 番 1 小節目から 4 小節まで弦楽器によって、スザンナの台詞"～nel limpido ciel""空いっぱいの～"の箇所にピッコロとヴァイオリンソロのトリルなどを用いてオーケストラも台詞と同じ情景を表現している。5 小節目からは[più tranquillo]があり、その後も[ritenuto]と[più ritenuto]とさらにゆっくりとする。スザンナの"～carezza""私を撫でてくれる""～sognare mi fa""夢を見させてくれる"の台詞にも美しいハープの上行形の演奏があり、よりいっそうスザンナの語る台詞の情景を演出し、ヴォルフ＝フェラーリの言葉と音楽との密接なつながりを大切にしていることがよく分かる。そして練習番号 69 番からはヴァイオリン、ヴィオラ、チェロによる煙のアリアの主旋律に、ソロヴァイオリンの美しい"タバコのテーマ"がヴァリエーションを変えてオブリガードのように演奏される（譜例㊻）。まさにこの間奏で一筋のタバコの煙が天井まで伸びてゆくようである。練習番号 71 番からは、弦楽器は歌の旋律とほぼ同じ動きをする。3 小節目の[animando]とともに、煙の幻想的な表現が、愛する夫へと変わる。そして音楽は[Sempre più mosso e con anima sempre più]徐々に気持ちをこめてゆき、テンポも速くなってゆく。ハープの演奏がスザンナの夫を愛する気持ちを表した台詞"affascinar""好きなの"をよりいっそう美しくしているように演奏される（譜例㊼）。このアリアの後奏は、スザンナのアリアの旋律をフルート、クラリネット、ファゴット、ヴァイオリンで演奏してゆく（譜例㊽）。そしてフルートの"タバコのテーマ"と"第二のタバコのテーマ"が流れ、スザンナも幸福の一服を楽しむ。時間はゆっくりと流れ、明かりも暗くなってゆく。そして E-dur の美しいハーモニーが鳴り、物語が解決したと思わせる。

⑱

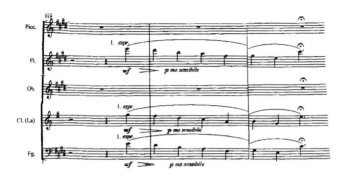

１０）和解（㊵930小節目〜㊽1048小節目）

　ジルが"Ti colgo questa volta!""ついに発見したぞ！"と[ffff]で舞台奥の窓から突然侵入してくるシーンから始まる。すぐにタバコのシーンのE-durからA-durになる。[presto]のテンポになり、金管楽器の[fp]からクレッシェンド、木管楽器、弦楽器は[f]のクレッシェンドで"スザンナの秘密"がついに発覚する音楽が演奏される。（譜例㊾）その後もレチタティーヴォと[Parlato]（話口調）で"スザンナの秘密"の真相の追究への緊張感を表現している（譜例㊿）。3小節目のレチタティーヴォはジルの旋律を2分割して考えると、このままだと1拍多い計算となるが、スザンナの"~assente a me?"のすぐ後にフルート、オーボエ、クラリネットの[sff]からデクレッシェンドして[p]にアウフタクトで演奏する。その間に[parlato]の"Disdetta! Mi sono scottato! Perfida!""熱い!火傷した!なんて事だ!"と思いがけない火傷をする表現を入れたかったために拍数を意図的に合わなく書いたと考えられる。その後の"Cosa nascondi là?""何をそこに隠しているのだ？"はオーケストラも全て止まっている中、ジルの台詞だけ抜き出して言う手法を使い緊迫感を出している。練習番号74番からは弦楽器の"スザンナのアリアのテーマ"を分割した旋律が演奏され、その休符の間にスザンナの台詞を入れている（譜例㉛）。この"la..sigaretta.."（タバコよ）という台詞から始まる練習番号は、オペラの中で最も重要なシーンなので、楽譜に忠実に演奏することを心がけて声を聞き取りやすく発音する必要がある。3小節目のハープの上行形

がいかにも明るい調性で演奏される。まるで物語のハッピーエンドを予感しているようだ。

　練習番号 75 番はジルの安堵した気持ちを表現するような弦楽器とフルートの[pp]のフェルマータがあり、徐々に下降してゆく旋律をレガートで演奏する。ジルの歌唱と共にフルート、オーボエ、クラリネット、ファゴットもそれぞれが旋律と同じように演奏する。そして[Tranquillo]に入りオーボエ、フルートによって練習番号 20 番の"思い出のテーマ"が分散されて演奏される（譜例㉒）。そしてスザンナはジルが「嫉妬深くなっていた」と告白したことに、「私のタバコに嫉妬したの？」と笑い飛ばす。[Allegro]の軽快なリズムにスタッカートの笑い声"Ah!ah!ah!"から、大きくレガートで"perdoniamoci a gara!""お互い様ということにしましょう"でデクレッシェンドしてゆき"Io più non fumerò`~""もうタバコは吸いません・・"と言う所から[p]になり[ritenuto]を使いながら、"思い出のテーマ"につながってゆき、8 小節目には[Lento]になりスザンナのジルを愛する気持ちと、純真な姿を見事に描いている（譜例㉓）。

練習番号 78 番のジルの"fumerò"の後はヴァイオリンⅠの A の音をスザンナがそのまま引き継いで、ハープの上行形と共にスザンナの幸福を表現している（譜例㉔）。ヴァイオリン、フルート、チェロは D-dur に転調するために、A の音を次の練習番号の歌いだしにある F の音につなぐために大きく音階的に移動する（譜例㉕）。

　練習番号 79 番から前奏曲と同じ D-dur に転調する。練習番号 7 番で聞こえてきたスザンナのピアノの旋律"スザンナのテーマ"がここで起用され、二人の愛が一つになるシーンとして"l'amor sincer,profondo,fuma, fuma,senza tregua,""真実の深い愛は煙のように一筋で消える事はない"（もしくは"真実の深い愛はタバコのように熱く燃え、止まる事がない"）という台詞を歌唱し、タバコを通して得た新たな信頼を歌っている。この部分は全体的に長い煙を表現するようにレガートの指定があり、12 小節目にはグリッサンドでつなげてゆくように書かれ、タバコの長い煙を表現しているようである（譜例㉖）。これらも台詞に音楽を与えることが上手なヴォルフ＝フェラーリならではの手法で、場面の臨場感をうまく表現している。またこの旋律がオペラ終幕に流れてくることで、この物語がスザンナを中心に語られていたと考えることが出来る。ヴァイオリンⅠが演奏していた旋律がそのまま、フルート、クラリネット、ヴァイオリンⅡと結びつき、"スザンナのテーマ"が細かく演奏されてゆく、その間にジルとスザンナの"Amor"（愛よ）が交互に歌唱され、ヴァイオリンⅡ、ファゴット、オーボエ、チェロも同じテーマに入り、次の[presto]の曲頭にむけて演奏される。まるで"スザンナのテーマ"を楽譜上に散りばめたように描かれ、このテーマから前奏曲と同じ形態の[presto]まで変わってゆくのにわずか 5 小節で書かれている。ヴォルフ＝フェラーリの技術がどれだけ優れていたかよく分かる。（譜

例㊸)

　練習番号 81 番[presto]では前奏曲の練習記号 H からと同じように演奏されている。9 小節目からは木管(ピッコロ以外)と弦の刻みの中でジルとスザンナの[parlato]がある。18 小節目にはホルンの[ppp]のロングトーンと弦楽器の同じパッセージの繰り返しによって 2 人のタバコの火が消えてしまって立ち尽くすシーンを表現している。練習番号 82 番にファゴットの前奏曲で使われた"テーマ 1"(譜例㊸)と共に舞台奥からサンテが登場。それまで 2 人が立ち尽くしていたシーンに、頼りになる召使いが登場するかのように効果を出している。共に前奏曲のテーマから引用されたオーボエの演奏"テーマ 3"(譜例㊸)とホルンの演奏"テーマ 2"(譜例㊸)があり、同時にサンテは 2 人のタバコに再度火をつける。

　練習番号 83 番の 1 小節前にあるフェルマータでジルの"vuoi?"という合図に、スザンナの"si"という答えがあり、フルートで前奏曲の"テーマ 4"、ヴァイオリンで"テーマ 3"、トランペットが"テーマ 2"、ヴィオラとチェロ"テーマ 1"のそれぞれのテーマを同時に組み合わせて演奏する(譜例㊸)。7 小節目のピッコロの上行形と共に 2 人は舞台左手の部屋へ行く。取り残されたサンテは 13 小節目までにタバコに火をつけて、"Ffff"と初めて台詞を言う。取り残されたサンテによって吐かれたタバコの煙が立ち上り、舞台奥の窓からは月明かりが照らしている。そしてまた[Furioso]に戻り、物語がまた始まるかのように、終幕する。

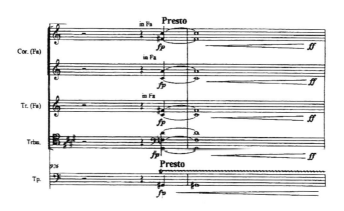

67-b

⑱　テーマ1

⑲　テーマ2

⑳　テーマ3

㉑　テーマのヴァリエーション

Ermanno Wolf=Ferrari, Il Segreto di Susanna, Intermezzo in un atto, testo di Enrico Golisciani, partitura, Josef Weinberger-London-Frankfurt am Main-Wien, Copyright ⓒ 1907 by Josef Weinberger Limited, London
Edition Copyright ⓒ 2006 by Josef Weinberger Limited, London

≪スザンナの秘密≫公演プログラム

初版版リブレット

≪4人の田舎者≫公演風景＜MarkLothar Briefe aus einem halben Jahrhundert; Ermanno Wolf-Ferrari, Langen Müller より＞

≪スザンナの秘密≫公演風景＜MarkLothar Briefe aus einem halben Jahrhundert; Ermanno Wolf-Ferrari,Langen Müller より＞

≪イドメネオ≫改訂版ヴォーカルスコア

第四章　《スザンナの秘密》の記録

イタリアにおける公演記録とその配役の傾向　4－1

　この《スザンナの秘密》の初演までに多少複雑な経緯があった。ヴォルフ＝フェラーリは音楽家として生計を立てるにはオペラ作品をイタリアで成功させなくてはならないと考えていた。そこでロッシーニの《ラ・チェネレントラ》を見たヴォルフ＝フェラーリはこの作品をもっと原作に近づけて公演したいと思い、1900年2月22日、ヴェネツィアで《チェネレントラ》の公演を企画する。最もその頃のヴォルフ＝フェラーリはまったくの無名で、ラ・フェニーチェ劇場もなかなか積極的に導いてはくれなかった。結局この公演は失敗に終わり、ヴェネツィアで初めてのオペラ作品発表はほとんど意味がなく終わってしまった。しかしヴォルフ＝フェラーリはせっかく作ったこの大作をあきらめずに劇場へのオーデションに持ち込むと、少し改定してドイツ・ブレーメンで公演できることになり、1902年1月31日に大成功を収めることになる。初めてのオペラ作品に多くの評論家は彼の作品がドイツ向きであると評価し始める。一方イタリアではまだ多くの情報も得ていないまま、ヴォルフ＝フェラーリの作品をまた扱って失敗したくないと考えていたため、なかなか公演をするまでには話が進まなかった。そこでヴォルフ＝フェラーリは次の作品をヴェネツィアで人気のあった喜劇作家エンリコ・ゴルドーニの作品を起用して曲を書く構想にたどり着いた。そして2作目の《好奇心の強い女たち》をミュンヘン・ホーフ・テアターで1903年11月27日に公演することになる。このヴェネツィア気質を持った作品は異国ミュンヘンで大成功を収めた。そしてミュンヘンの同劇場にて3作目のゴルドーニ作品《4人の田舎者》の公演を1906年3月19日に行う。そしてまた大成功を収めた。ミュンヘン・ホーフ・テアターとしてもドイツ人とイタリア人の血を受け継いだヴォルフ＝フェラーリの有望な作品に大変興味を持ったのだろう。そして4作目がこの《スザンナの秘密》の公演となる。エルマンノ・ヴォルフ＝フェラーリはこの頃すでにドイツでは有名な作曲家となっていた。ミュンヘン初演は Felix Josef von Mottl フェリックス・ジョセフ・フォン・モトル(1856-1911)というオーストリア出身でワグナー作品を得意とするベテラン指揮者が担当した。"非常にワグナー的"といった好評も作品だけではなく、音楽の作り方もフォン・モトルによって、よりワグナー風に演奏されたのではないだろうか。ジル伯爵は Friedrich Brodersen フリードリヒ・ブローダーゼン(1873-1926)が演じた。彼は

前作の《好奇心の強い女たち》でもパンタローネ役で初演に出演したヴォルフ＝フェラーリのお気に入りの歌手である。以下がドイツ初演の配役である。

ドイツ初演　１９０９年１２月４日　ミュンヘン・ホーフ・テアター
ドイツ語台本翻訳　マックス・カルベック（Max Kalbeck）
指揮　　　　フェリックス・モトル（Felix Mottl）
ジル伯爵　　フリードリヒ・ブロダーセン（Friedrich Brodersen）
スザンナ　　エッラ・トルデック（Ella Tordek）
サンテ　　　ジョセフ・ガイズ（Josef Geis）

　イタリア初演はミュンヘン初演の２年後で比較的早かった。恐らくドイツ内で評価が高く話題となり、これまでのゴルドーニ作品の大成功も含めるとイタリア人オペラ作曲家として放って置けなくなったのだろう。イタリアではもうすでにバリトンとして名声を気づき始めていた 36 歳のリッカールド・ストラッチャーリ(1875-1955)が出演した。ストラッチャーリはヴェルディ作品、ロッシーニ作品において名演を残したバリトンで、まさに彼の初演によって今日のジルの声質が受け継がれているといえるだろう。イネス・マリア・フェッラリス(1882-1972)は当時 29 歳で軽いリリック・ソプラノ。主にプッチーニ、ヴェルディを得意としていた歌手だった。《椿姫》ヴィオレッタ役と《ファルスタッフ》ナンネッタ役の出演記録がスカラ座に多数残されている。プッチーニ作品では《つばめ》1917 年初演のリゼッテ役に抜擢され、《スザンナの秘密》後半の"タバコのアリア"の部分が、彼女の得意としたマグダ役の"ドレッタの夢"に似ていることも偶然ではないかもしれない。イタリア初演の配役は以下の通りである。

イタリア初演１９１１年１１月２７日　ローマ、コスタンツィ劇場
指揮　　　　リッカルド・デッレーラ（Riccardo Dellera）
スザンナ　　イネス・マリア・フェッラリス（Ines Maria Ferraris）
ジル伯爵　　リッカルド・ストラッチャーリ（Riccardo Stracciari）
サンテ　　　ラッファエレ・デ・ローザ（Raffaele De Rosa）
演出　　　　ロメオ・フランチョーリ（Romeo Francioli）
舞台　　　　チェザーレ・フェッリ（Cesare Ferri）
　　　　　　エットーレ・ポリドーリ（Ettore Polidori）

　イタリア初演当時の記事によって、ヴォルフ＝フェラーリがどのような作曲家だったのかよく分かるので、記載しておく。現代音楽の発展とともに、12 音階技法や

無調音楽といった音楽が評価され始めていた頃、伝統的な手法を感じさせる作品を残し、また作品がドイツ的かイタリア的かというちょっとした論争もあったことがわかる。

"《スザンナの秘密》は昔ながらの幕間劇インテルメッツォとして喜劇(Scherzo Comico)の形式を持っている。喜劇(Scherzo Comico)は１６世紀末のギリシャに起源を持つ悲劇的な貴族社会の愉快な出来事に由来することが多い、この《スザンナの秘密》もそのスタイルを守っている。エルマンノ・ヴォルフ＝フェラーリは音楽劇に伝統的なスタイルを持った形式を重んじることが大切だと考えていたし、それこそが自然の成り行きだと当然のように考えている作曲家である。つまり現代における音楽手法を用いて作曲する事は彼にとって意に反することなのである。《好奇心の強い女》は伝統的音楽手法を使ったもっともはっきりとした作品である。単純な形式に強い明確な音楽手法で個性を示しすぎない作品である。この《スザンナの秘密》も彼ならではのシンプルで明確な意思表示がしっかりと出された作品で、個性、郷土愛、イタリア的またはドイツ的であろう芸術性、そして才能の豊富さを感じる。作品から生み出される新しいメッセージは世に広がったであろう。彼の伝統的な手法を用いた作品への取り組みは決して間違いのない正しい方向性を導き出している。"

　1912 年から 1994 年までイタリア国内では以下のような公演記録が残っている。これらの記録はソンツォーニョ音楽出版社の持っていたオフィシャル記録で、オペラは全てイタリア語で公演されている。現在はイタリア語で公演することが主流となっているので、どのような歌手がそれぞれの役を受け継いできたのかを探るために記載しておく。

１９１２年１０月１０日　ロヴィーゴ、ソーシャル劇場
指揮　　　トゥリオ・セラフィン(Tullio Serafin)
スザンナ　イネス・マリア・フェラーリス(Ines Maria Ferraris)
ジル伯爵　チロ・パティーノ(Ciro Patino)
サンテ　　ウーゴ・クリスタッリ(Ugo Cristalli)

１９１３年３月５日　ナポリ、サン・カルロ劇場
指揮　　　ヴィットーリオ・グイ(Vittorio Gui)
スザンナ　クラウディア・ムーツィオ(Claudia Muzio)
ジル伯爵　タウリーノ・パルヴィス(Taurino Parvis)

１９１５年９月２３日　ミラノ、ダル・ヴェルメ劇場
指揮　　　アルトゥーロ・トスカニーニ(Arturo Toscanini)
スザンナ　イネス・マリア・フェッラリス(Ines Maria Ferraris)
ジル伯爵　アルマンド・クラッペ(Armand Crabbe`)

　初演の成功からすぐに取り上げたのがトゥリオ・セラフィン(1878-1968)だ。彼は当時34歳で、丁度トスカニーニがメトロポリタンへ行っていたためにスカラ座の音楽監督をしていた 。そしてその翌年は当時ナポリ・サン・カルロ劇場の音楽監督をしていた28歳のヴィットーリオ・グイ(1885-1975)、1915年にはついにアルトゥーロ・トスカニーニによって公演された。この3公演は《スザンナの秘密》がイタリアの名指揮者によって認められた証でもあり、この作品がイタリアに認められた証拠である。

１９１５年１２月２５日　ピサ、ヴェルディ劇場
指揮　　　アルトゥーロ・デ・アンジェリス(Arturo De Angelis)
スザンナ　リナルダ・パヴォーニ(Rinalda Pavoni)
ジル伯爵　ジュゼッペ・フェッラーリ(Giuseppe Ferrari)

１９１６年１２月３０日　ナポリ、サン・カルロ劇場
指揮　　　ロドルフォ・フェッラーリ（Rodolfo Ferrari)
スザンナ　ネーラ・マルモーラ(Nera Marmora)
ジル伯爵　マリオ・サンマルコ(Mario Sammarco)

１９１７年３月７日　ミラノ、スカラ劇場
指揮　　　エットーレ・パニッツァ(Ettore Panizza)
スザンナ　ニノン・ヴァリン・パルド（Ninon Vallin Pardo)
ジル伯爵　タウリーノ・パルヴィス(Taurino Parvis)
サンテ　　ガエターノ・アッツォリーニ(Gaetano Azzolini)

１９１８年５月１５日　パレルモ、マッシモ劇場
指揮　　　ジュゼッペ・バローニ(Giuseppe Baroni)
スザンナ　ジュアニータ・カラッチョロ(Juanita Caracciolo)
ジル伯爵　エルネスト・バディーニ(Ernesto Badini)

１９１９年１０月２５日　ローマ、コスタンツィ劇場
指揮　　　アルフレード・マルティーノ(Alfredo Martino)
スザンナ　ビアンカ・スターニョ・ベッリンチョーニ(Bianca Stagno Bellincioni)
ジル伯爵　サルヴァトーレ・ペルシケッティ(Salvatore Persichetti)
演出　　　アルマンド・ベッルチーニ(Armando Beruccini)

１９２０年１月１０日　トリノ、レージョ劇場
指揮　　　エットーレ・パニッツァ(Ettore Panizza)
スザンナ　トーティ・ダル・モンテ(Toti Dal Monte)
ジル伯爵　エルネスト・バディーニ(Ernesto Badini)

１９２１年１月　ブレーシャ、グランデ劇場
指揮　　　ジョヴァンニ・ビネッティ(Giovanni Binetti)
スザンナ　オルガ・ペルジーノ(Olga Perugino)
ジル伯爵　リッカルド・テガーニ(Riccardo Tegani)

１９２１年２月７日　ローマ、コスタンツィ劇場
指揮　　　エドアルド・ヴィターレ(Edoardo Vitale)
スザンナ　ビアンカ・スターニョ・ベッリンチョーニ(Bianca Stagno Bellincioni)
ジル伯爵　アルマンド・クラッベ(Armand Crabbe`)
舞台　　　チェザーレ・フェッリ(Cesare Ferri)
　　　　　エットーレ・ポリドーリ(Ettore Polidori)

１９２２年２月１９日　トリエステ、ジュゼッペ・ヴェルディ・コムナーレ劇場
指揮　　　ロドルフォ・フェッラーリ（Rodolfo Ferrari)
スザンナ　イネス・マリア・フェッラリス(Ines Maria Ferraris)
ジル伯爵　ドメニコ・ヴィッリオーネ・ボルゲーゼ(Domenico Viglione Borghese)

１９２２年５月２８日　レッジョ・エミーリア、ムニチパーレ劇場
指揮　　　ジュゼッペ・デル・カンポ(Giuseppe Del Campo)
スザンナ　アンナ・サッソーネ・ソステル(Anna Sassone Soster)
ジル伯爵　アリスティーデ・バラッキ(Aristide Baracchi)

１９２３年２月１２日　トリエステ、ジュゼッペ・ヴェルディ・コムナーレ劇場
指揮　　　セルジョ・ファイローニ(Sergio Failoni)
スザンナ　ネーラ・マルモーラ(Nera Marmora)
ジル伯爵　フランチェスコ・フェデリチ(Francesco Federici)

１９２３年４月１４日　トリノ、レージョ劇場
指揮　　　エットーレ・パニッツァ（Ettore Panizza)
スザンナ　アンナ・サッソーネ・ソステル(Anna Sassone Soster)
ジル伯爵　ルイジ・モンテサント（Luigi Montesanto)

１９２４年１月１０日　ヴェネツィア、フェニーチェ劇場
指揮　　　セルジョ・ファイローニ(Sergio Failoni)
スザンナ　ニカ・ムナスティール・クネッリ(Nika Munastir Cunelli)
ジル伯爵　リッカルド・テガーニ(Riccardo Tegani)

　１９２４年３月１０日　ロンドン、ロイヤル・オペラ劇場"コヴェント・ガーデン"ソンツォーニョ音楽出版社による"華麗なるイタリア・オペラ"シーズンにて、アッテーリオ・パレッリ作曲１幕合唱なしオペラ(Un atto senza coro)《厄介な恋人たち》、エルマンノ・ヴォルフ＝フェラーリ作曲幕間劇《スザンナの秘密》、アドリアーノ・ルアルディ作曲《アルレッキーノの狂気》、アッリーゴ・ペドロッロ作曲《眠れない夜》といったイタリア人オペラ作曲家によるイタリア・ミニオペラを、ミモス劇作者イレアーナ・レオーニドフ（Ileana Leonidoff)、《詩人と薔薇》のピエロ・オスターリ（Piero Ostali）の協力の下で公演した。

１９２５年１０月　ベルガモ、ドニゼッティ劇場
指揮　　　セルジョ・ファイローニ(Sergio Failoni)
スザンナ　イネス・マリア・フェッラリス（Ines Maria Ferraris）
ジル伯爵　アンジェロ・ピロット(Angelo Pilotto)

１９３４年１月１８日　ヴェネツィア、フェニーチェ劇場
指揮　　　ジュゼッペ・デル・カンポ(Giuseppe Del Campo)
スザンナ　エレーナ・モリーニ(Elena Morini)
ジル伯爵　ルイジ・ボルゴノーヴォ(Luigi Borgonovo)

１９３４年５月１０日　ミラノ、スカラ劇場
指揮　　　ディック・マルツォッロ(Dick Marzollo)
スザンナ　アウグスタ・オルトラベッラ(Augusta Oltrabella)
ジル伯爵　ピエロ・ビアジーニ(Piero Biasini)
演出　　　マリオ・フリジェーリオ（Mario Frigerio）

１９３４年１１月１２日　ローマ、E．I．A．Rスタジオ、ラジオ放送
指揮　　　オリヴィエーロ・デ・ファブリティス(Oliviero De Fabritiis)
スザンナ　イネス・マリア・フェッラリス(Ines Maria Ferraris)
ジル伯爵　エミーリオ・ギラルディーニ(Emilio Ghirardini)

１９３７年２月１８日　ジェノヴァ、カルロ・フェリーチェ劇場
指揮　　　ヴィットーリオ・グイ(Vittorio Gui)
スザンナ　リア・ファルコニエーリ(Lia Falconieri)
ジル伯爵　ルイジ・モンテサント(Luigi Montesanto)
演出　　　ローター・ヴァッラーシュタイン(Lothar Wallerstein)

１９３７年４月２９日　パレルモ、マッシモ劇場
指揮　　　フランコ・カプアーナ　(Franco Capuana)
スザンナ　イリス・アダミ・コラデッティ(Iris Adami Corradetti)
ジル伯爵　ジーノ・ヴァネッリ(Gino Vanelli)

１９４１年３月　カターニャ、ベッリーニ・マッシモ劇場
指揮　　　オッターヴィオ・ジーノ(Ottavio Ziino)
スザンナ　ルイザ・パラッツィーニ(Luisa Palazzini)
ジル伯爵　アルマンド・ダド(Armando Dado`)

１９４２年１月３日　ナポリ、サン・カルロ劇場
指揮　　　アンジェロ・クエスタ（Angelo Questa）
スザンナ　マリア・ノエ・ネグレッリ（Maria Noe` Negrelli）
ジル伯爵　ティート・ゴッビ（Tito Gobbi）
演出　　　マルチェッロ・ゴヴォーニ(Marcello Govoni)

１９４２年１２月１９日　パルマ、レージョ劇場
指揮　　　ジャナンドレア・ガヴァッツェーニ(Gianandrea Gavazzeni)
スザンナ　タティアーナ・メノッティ(Tatiana Menotti)
ジル伯爵　アフロ・ポーリ(Afro Poli)

１９４４年１０月１４日　ローマ、オペラ・レアーレ劇場
指揮　　　ジュゼッペ・モレッリ(Giuseppe　Morelli)
スザンナ　エミーリア・ヴィダーリ(Emilia Vidali)
ジル伯爵　アルマンド・ダド(Armando Dado`)

１９４５年７月２９日　ローマ、ＲＡＩ放送ホール
指揮　　　フェルナンド・プレヴィターリ(Fernando Previtali)
スザンナ　エスター・オーレル(Ester Orel)
ジル伯爵　マリオ・ボッリエッロ(Mario Borriello)

１９４７年１１月１日　トリノ、カリニャーノ劇場
指揮　　　ジャナンドレア・ガヴァッツェーニ(Gianandrea Gavazzeni)
スザンナ　ドロレス・オッターニ(Dolores Ottani)
ジル伯爵　マリアーノ・スタービレ(Mariano Stabile)
演出　　　ジュゼッペ・マルキオーロ(Giuseppe Marchioro)

１９４８年２月７日　ヴェネツィア、フェニーチェ劇場
指揮　　　マンノ・ヴォルフ＝フェラーリ(Manno Wolf-Ferrari)
スザンナ　ミルカ・ベレニー(Mirka Bereny)
ジル伯爵　ピエロ・ビアジーニ(Piero Biasini)
サンテ　　アルフレード・マッティオーリ(Alfredo Mattioli)

１９４８年１２月１８日　フィレンツェ、コムナーレ劇場
指揮　　　アンジェロ・クエスタ(Angelo Questa)
スザンナ　アルダ・ノーニ(Alda Noni)
ジル伯爵　マリオ・ボッリエッロ(Mario Borriello)
演出　　　マリオ・カルロス・トロイズィ(Mario Carlos Troisi)

１９５１年秋　ミラノ、ヌオーヴォ劇場、イタリアにおけるオペラ、コンサート運営委員会設立記念公演
指揮　　　ジャンフランコ・リヴォッリ(Gianfranco Rivoli)
以下　ＡＳ．ＬＩ．ＣＯコンクール　入賞者（３役のみ）
スザンナ　ヴィットーリア・コロンネッロ(Vittoria Colonnello)
ジル伯爵　ヌンツィオ・ガッロ(Nunzio Gallo)
サンテ　　トニー・コルチョーネ(Tony Corcione)
演出　　　ジョヴァンニ・フィオリーニ(Giovanni Fiorini)
舞台　　　アルベルト・スカイオーリ(Alberto Scaioli)

１９５４年３月２６日　ナポリ、サン・カルロ劇場
指揮　　　ウーゴ・フパーロ(Ugo Rapalo)
スザンナ　アルダ・ノーニ(Alda Noni)
ジル伯爵　ジュゼッペ・ヴァルデンゴ(Giuseppe Valdengo)
演出　　　ヴィットーリオ・ヴィヴィアーニ(Vittorio Viviani)

１９５８年３月　ジェノヴァ、カルロ・フェリーチェ劇場
指揮　　　ブルーノ・リガッチ(Bruno Rigacci)
スザンナ　マリエッラ・アダーニ(Mariella Adani)
ジル伯爵　ジーノ・オルランディーニ(Gino Orlandini)

１９５８年３月２７日　カリアリ、マッシモ劇場
指揮　　　エットーレ・グラチス（Ettore Gracis)
スザンナ　ドーラ・ガッタ(Dora Gatta)
ジル伯爵　セスト・ブルスカンティーニ(Sesto Bruscantini)
演出　　　エンリコ・フリジェーリオ（Enrico Frigerio)

１９６０年５月２１日　ナポリ、サン・カルロ劇場
指揮　　　ウーゴ・ラパーロ(Ugo Rapalo)
スザンナ　アルダ・ノーニ(Alda Noni)
ジル伯爵　ジュゼッペ・ヴァルデンゴ(Giuseppe Valdengo)
演出　　　リヴィオ・ルッツァット（Livio Luzzatto)

１９６０年１２月１７日　サッサーリ、ヴェルディ劇場
指揮　　　ニーノ・ボナヴォロンタ（Nino Bonavolonta`）
スザンナ　ジャンネッテ・ピロウ(Jeannette Pilou)
ジル伯爵　パオロ・ペダーニ(Paolo Pedani)
演出　　　マルコ・ヴィスコンティ（Marco Visconti）

１９６２年１２月２０日　ボローニャ、コムナーレ劇場
指揮　　　アルマンド・ラ・ローザ・パロディ(Armando la Rosa Parodi)
スザンナ　エッダ・ヴィンチェンツィ（Edda Vincenzi）
ジル伯爵　パオロ・ペダーニ（Paolo Pedani）
演出　　　エンリコ・コロズィーモ(Enrico Colosimo)

１９６６年１０月２７日　ベルガモ、ドニゼッティ劇場
指揮　　　　アルマンド・ガット（Armando Gatto）
スザンナ　　マリア・マンニ・ジョティーニ(Maria manni Jottini)
ジル伯爵　　レナート・チェザーリ（Renato Cesari）
サンテ　　　トニー・コルチョーネ(Tony Corcione)
演出　　　　アントネッロ・マダウ・ディアス(Antonello Madau Diaz)
舞台・衣装　ティナ・セスティーニ・パッリ(Tina Sestini Palli)

　初演スザンナ役のイネス・マリア・フェッラリスは 1934 年までに 6 回公式公演に出演するほどこの役を演じている。34 年には 52 歳であった。他にトーティ・ダルモンテ(1893-1975)やクラウディア・ムーツィオ(1889-1936)など当時絶大な人気を誇っていた歌手やアンナ・ソッソーネ・ソステル(1896-1969)のようにヴォルフ＝フェラーリ作品を中心に出演していた歌手も歌っているが、フェッラリスが退いた後は声質も軽めのソプラノ・レッジェーロのアルダ・ノーニが受け継いでいる。アルダ・ノーニ(1916-2011)はモーツァルト、ロッシーニ、ドニゼッティ、チマローザなどの作品を得意としていて、晩年には《ファルスタッフ》のナンネッタや《仮面舞踏会》のオスカーなどにも出演している主にスーブレットとして活躍したソプラノである。この事から基本的にスザンナはモーツァルト作品におけるスザンナ役、もしくは影響を受けた《ファルスタッフ》のナンネッタのような声質としてスーブレット・ソプラノ、もしくはソプラノ・レッジェーロを求めているのではないだろうか。

一方ジルは、ミュンヘン初演のジル役が、フリードリッヒ・ブロダーセンで、彼の演じた≪好奇心の強い女たち≫でのパンタローネ役のイメージで考えると、少し暗めのバス・バリトンといった声質を想像するが、イタリア初演ではストラッチャーリのヴェルディとドニゼッティ、ロッシーニを得意とした鮮明な声質が起用され、タウリーノ・パルヴィス(1879-1957)のように、ヴェルディ、プッチーニなどの主要バリトンをほとんどレパートリーとするような厚みのある声のバリトンが求められた。またミュンヘン初演をリスペクトしてエルネスト・バディーニ(1876-1937)のように《スライ》初演時にプラーク役のバスで出演するような深みのある声の歌手が歌うこともあった。他にアルマンド・クラッペ(1883-1947)やドメニコ・ヴィッリオーネ・ボルゲーゼ(1877-1945)、アフロ・ポーリ(1902-1988)など当時としては俳優としても成功し、人気があったバリトンが歌っている。ジルの声質は初演のストラッチャーリのように軽めのヴェルディ・バリトンであるという傾向は、時代と共に次第に深みのあるヴェルディ・バリトンに求められるようになった。それは《ファルスタッフ》のフォード役を得意としていたバリトンからファルスタッフ役を得意とするバリトンに移り変わるようであった。決定的な配役はティート・ゴッビの出演からである。ティート・ゴッビ(1913-1984)は非常にレパートリーの広いバリトンで、ヴェリズモ作品、ヴェルディ、ワグナーも得意としていた。ヴォルフ=フェラーリ作品にも多数出演しており、まさにヴォルフ=フェラーリ作品のバリトン像を改革した人である。そしてその方向性はマリアーノ・スタービレ(1888-1968)、ジュゼッペ・ヴァルデンゴ(1914-2007)といったトスカニーニに見初められたヴェルディ・バリトンに続き、まさに《ファルスタッフ》のタイトルを得意とする歌手がジル役に選出されるようになった。次いで 1958 年にはセスト・ブルスカンティーニ(1919-2003)といったバスからバリトンまで広い声域を持った歌手が出演している。ブルスカンティーニは《奥様女中》のウベルトや《椿姫》のジェルモン、《ファルスタッフ》のファルスタッフといった役を得意としていた。この時代のジルの声として求められていた声質は、ストラッチャーリのようなヴェルディ・バリトンの声質に、《奥様女中》ウベルトのようなパンタローネに求められているバッソ・コミコの声質が混ざり、ちょうど、ヴェルディ・バリトンでも《ファルスタッフ》のタイトルを得意とするような声質を持っている歌手に求められるようになった。

　初演から 55 年経った 1966 年にもイタリアで愛されていたオペラであったことが分かる記事が以下の通りである。伝統的なオペラが衰退してきている状況や、聴衆のオペラに対する情熱を感じる。

"2 つの良いニュースが舞い込んだ、まずは待ち望んだ《スザンナの秘密》の再演、そして正当なオペラの陰り、非情熱的音楽劇ばかりの状況にあるにもかかわらず音

楽の美しさを追求した作品の再来である。内秘の愛煙家の単純明快な物語も我々に印象づけた 。"

"一見ちょっとした秘密だがうっとりするようで、メロディと共に気持ちの変化を楽しめる作品。ヴォルフ＝フェラーリは今世紀において、我々オペラファンを魅了した数少ない作曲家だ。我々を刺激し、思いやり、大きな劇場でも小さな劇場でも大変親しみやすく物語を語ってくれるのだ 。"

１９６８年９月２５日　マントヴァ、ソシアーレ劇場
イタリアにおけるオペラ、コンサート運営委員会、定期演奏会において
指揮　　　ジャコモ・ザーニ　（Giacomo Zani）
以下ＡＳ．ＬＩ．ＣＯコンクール入賞者(３役)
スザンナ　ジャンナ・アマート(Gianna Amato)
ジル伯爵　ジャンカルロ・ウッゲッティ(Giancarlo Uggetti)
サンテ　　トニー・コルチョーネ(Tony Corcione)
演出　　　ベッペ・デ・トマージ(Beppe De Tomasi)
舞台　　　アルベルト・スカイオーリ(Alberto Scaioli)

１９７０年１月１０日　トリノ、ＲＡＩ放送ホール
指揮　　　ニーノ・ボナヴォロンタ(Nino Bonavolonta`)
スザンナ　リディア・マリムピエトリ(Lydia Marimpietri)
ジル伯爵　レナート・ブルゾン　(Renato Bruson)

１９８５年４月１４日　ヴェネツィア、マリブラン劇場
指揮　　　　ティツィアーノ・セヴェリーニ(Tiziano Severini)
スザンナ　　マルゲリータ・グリエルミ（Margherita Guglielmi）
ジル伯爵　　アンジェロ・ロルネーロ(Angelo Rornero)
サンテ　　　ジャン・カンピ（Gian Campi）
演出　　　　ウーゴ・グレゴレッティ(Ugo Gregoretti)
舞台・衣裳　アントニオ・フィオレンティーノ（Antonio Fiorentino）

　《スザンナの秘密》はほとんどの場合、独立した公演か、もしくは２本立ての公演であった。スカラ座ではヴェルディの《椿姫》と２本立てで公演された記録が年鑑に残っていて、こうした公演ではまさに主となる演目に対照的なオペラ・ブッファを演奏するという幕間劇としての役割を果たしている。しかし20世紀後半にはい

るとミニオペラ（通常のオペラよりも上演時間の短いオペラ）が公演されることも多くなり、その中で３本立て上演なども行われていた。1985年4月4日の公演の記事が以下の通りである。

"スッペの《美しい礼儀作法》、マスネの《マノンの肖像》、そしてヴォルフ＝フェラーリの《スザンナの秘密》この３つのオペラの演奏会が昨日同時に行われすべてにおいて大成功を収めた。スッペとマスネの珍しい作品に、幕間劇以上に存在感があり、大いに楽しませてくれたヴォルフ＝フェラーリの作品をウーゴ・グレゴレッティの演出でティツィアーノ・セヴェリーニの指揮で完全な舞台を見せてくれた。聴衆にとっても輝かしく素晴らしい夜になった事は間違いないであろう。"

１９８５年１１月２６日　トレヴィーゾ、コムナーレ劇場
トレヴィーゾにおける秋の音楽祭にて
指揮　　　　　ジャン・パオロ・サンツォーニョ(Gian paolo Sanzogno)
スザンナ　　　アデーレ・コッシ(Adele Cossi)
ジル伯爵　　　ネルソン・ポルテッラ(Nelson Portella)
サンテ　　　　ジャン・カンピ(Gian Campi)
演出・舞台・衣装　ステファノ・ヴィツィオーリ（Stefano Vizioli)

１９８６年１１月２６日　ローマ、オリンピコ劇場
ローマ音楽愛好家によるアカデミーの定期演奏会
指揮　　　ジャン・パオロ・サンツォーニョ(Gian Polo Sanzogno)
スザンナ　フィオレッラ・ペディコーニ(Fiorella Pediconi)
ジル伯爵　アルマンド・アリオスティーニ（Armando Ariostini)
サンテ　　フランコ・ディ・フランチェスカントニオ(Franco Di Francescantonio)

１９８７年９月１５日　ルッカ、ジーリオ劇場
指揮　　　ジャンピエロ・タヴェルナ(Giampiero Taverna)
スザンナ　マリア・アンジェレス・ペータース(Maria Angeles Peters)
ジル伯爵　アルマンド・アリオスティーニ(Armando Ariostini)
サンテ　　ファブリツィオ・ブッチャンティ(Fabrizio Buccianti)
演出　　　ヴィルジーニオ・プエケール(Virginio Puecher)
舞台・衣装　サンドロ・セスティ(Sandro Sesti)

１９９４年３月２９日　トリエステ、トゥリップコヴィッチ広間
ヴェルディ劇場シーズンにおける定期演奏会
指揮　　　　ジュゼッペ・グラツィオーリ（Giuseppe Grazioli）
スザンナ　　シルヴィエ・ヴァレール(Sylvie Valayre)
ジル伯爵　　マーセル・ヴァノー(Marcel Vanaud)
サンテ　　　ジュゼッペ・プリンチピーニ(Giuseppe Principini)
演出　　　　ロレンツォ・マリアーニ(Lorenzo Mariani)
舞台・衣装　マウリーツィオ・バロ(Maurizio Balo`)

　ソンツォーニョ音楽出版社から出ている公演記録はここまで記載されている。《スザンナの秘密》の公式な公演は60年頃までほぼ毎年劇場で取り扱われ、ヴォルフ＝フェラーリの作品として知名度も高かったが、それ以降になると明確に名アリアが突出しているオペラ作品に引けをとり公演されることが少なくなり始め、徐々に聴衆の中でマイナーなオペラとして存在し始める。そういった状況を示す記事を以下に載せておく。

　"物語の中の煙の音楽の発想は《カルメン》のタバコ工場の合唱が歌う煙から来たのか、またはプーランクの《シャンソン》の最もエレガンスな部分から来たのか、どちらにしてもエルマンノ・ヴォルフ＝フェラーリの放つ"香り"の際立つ譜面から、このようなタバコから生まれる愛に頼り、作風を守ったオペラ作品は他にはないだろう。私はこのような作品がこの先この世から消えるとは考えにくい。しかし世間では"好き"という聴衆が少ないのも現実だ。ヴォルフ＝フェラーリはさまざまな音楽をクモの巣状に構成させ、ロマン派音楽劇の嫉妬を吐き出すようにバッハの《コーヒーカンタータ》から結びつく劇作法を重んじることに成功している。それは1700年代のオペラ・ブッファにレオンカヴァッロの作品を混ぜたようにも感じるし、会話のスタイルに魂をつけ、今までの舞台劇の構造をはるかにコンパクトにさせたように感じる。"

　"このスザンナ(ヴァレール)とジル伯爵(ヴァノー)は明快な語り回しで、２つの役の性格や重要なレリーフを浮き出した。まるで舞台・演出を担当したマリアーノとバロが黙役に徹して演じているように。そして前奏曲から劇の終わりまで、大きな温かいアリアを聴いているようだった 。"

　1970年にはジル役をレナート・ブルゾンに抜擢され、ヴェルディ・バリトンの中でも気品のあるヴォーチェ・ノービレに求められる傾向が現れ始める。オペラ・ブ

ッファとして扱われているこの作品も端正な歌い手によって、伯爵らしい歌い回しが必要とされてきた。スザンナにもマルゲリータ・グリエルミの抜擢でスザンナの伝統的な歌唱法を受け継いだ声質で出演している。スザンナについてはマリア・キアーラやレナータ・スコットの出演している録音が残されていることもあり、少しリリックに歌われる方向性もある。この頃にはサンテ役もジャン・カンビのような映画俳優が出演することが主流となっている。また 2006 年に"Auditorio Principe Filipe"で公演されたフリードリヒ・ハイダー（指揮）、オヴィエド・フィルハーモニアの演奏でアンジェル・オディナのジル伯爵にジュディス・ハワースのスザンナで公演されていることや、2010 年には"Liverpool,Philharmonic Hall"でのヴァジィリー・ペトレンコ指揮でロイヤル・リヴァプール・フィルハーモニック・オーケストラによる演奏、ジルにマルク・カントゥッリ、スザンナにドーラ・ロドリゲスの出演で公演されており、改めてヴォルフ＝フェラーリ作品が注目されている。

≪4 人の田舎者≫の公演広告

参考文献

Ⅰ　洋書

・DeRensis,Raffaello.ErmannoWolf-Ferrari la sua vita d'artista.Milano Treves,1937.
・Ernst Leopold Stahl.ERMANNOWOLF＝FERRARIR.Kiesel,Verlag,Salzburg,1936.
・Mark Lothar. Ermanno Wolf-Ferrari, Briefe aus einem halben Jahrhundert.1982 by Albert Langen,Georg Müller Verlag GmbH MünchenWien ISBN3-7844-1914-3
・Grisson, Alexandra Carola. Ermanno Wolf Ferrari: Autorisierte Lebensbeschreibung. Mit einem Anhang Betrachtungen und Aphorismen von Ermanno Wolf Ferrari. Regensburg: Gustav Bosse, 1941.
・Morini, Mario, Nandi Ostali and Piero Ostali jr. Casa musicale Sonzogno: cronologie, saggi, testimonianze. 2 vols. Milano: Sonzogno, 1995.
・Wolf-Ferrari, Ermanno. Considerazioni attuali sulla musica. Siena: Ticci, 1943.
・Carlo Goldoni,Le donne curiose a cura di Alessandra Di Ricco, 1995 by Marsilio Editori s.p.a in Venezia ISBN 88-317-5940-X
・Michael F.Robinson, L'opera Napoletana a cura di GiovanniMorelliMarsilioEditori
・Lorenzo Bianconi e Giorgio pestelli, Storia dell'opera Italiana parte Ⅱ ,4Il sistema produttivo e le sue competenze 1987 E.D.T Edizioni di Torino ISBN88-7063-052-8
・Piero Mioli, La Musica nella storia 1986 by ,Edizioni Calderini,Via Emilia Levante,31-Bologna ISBN-88-7019-293-8
・Giuseppe Boerio Dizonario del Dialetto veneziano1856 Ristampa1998 Giunti Editore S.p.A
・Carlo Goldoni, Il campiello a cura di Luigi Lunari, con le note di regia di Giorgio Strehler, Biblioteca Universale Rizzoli,Milano,1975

Ⅱ　和書

・永竹由幸『ヴォルフ＝フェラーリの生涯と作品――20世紀のモーツァルト』東京：水曜社、2007年。
・エルマンノ・アリエンティ『作詩法の基本とイタリア・オペラの台本』東京藝術大学出版会、2016年
・天野恵　鈴木信吾　森田学『イタリアの詩歌』東京、三修社、2010年

おわりに

　ウォルフ＝フェラーリ・オペラ作品は喜劇と悲劇、そして神話・寓話とあるが、どの作品も言葉の使い方が非常に美しく、単語のアクセントと抑揚、ドイツ語であってもイタリア語であっても台本に記してある言葉に適切なフレーズを与え、言葉の細部まで聞き取り易く歌唱できるように書かれている。それはヴォルフ＝フェラーリがバッハからモーツァルト、チマローザ、ペルゴレージといった作曲家を愛したことや、ヴェルディの《ファルスタッフ》の影響を受けたこと、そして何より演劇に良く足を運んだことがこういった作品の特徴を生んでいる。またヴォルフ＝フェラーリがイタリア語の中で最も方言の強いヴェネツィア方言を使った理由として、ゴルドーニ原作であったこと以上に歌手にとってヴェネツィア方言は非常に歌いやすい言語の特徴を持っていると考えていたためである。言葉と音楽の関連性はヴォルフ＝フェラーリ・オペラをより理解するために大切な条件となっている。

　またヴォルフ＝フェラーリはプッチーニやマスカーニなどが手がけたヴェリズモ・オペラの特長ともいえる「美しい旋律」を用いてアリアや間奏曲を作り、聴衆に印象付けさせる手法は用いず、「美しい言葉と韻律」を用いて物語の真実性を追究した作曲家だった。彼はイタリア・オペラの歴史においてヴェリズモ・オペラとは違ったもう一つの分かれ道として存在し、ロッシーニ、ドニゼッティ、ヴェルディらの残したコミック・オペラを継承した唯一のイタリア人作曲家だったのである。

　しかし、現代においてはあまり話題にならない作曲家でもある。私はヴェネツィアに訪れる度にサンミケーレ島共同墓地に行き、ヴォルフ＝フェラーリが眠っているお墓にお参りに行くが、いつもしばらく誰も訪れていないような状態で、私は常にこの素晴らしい作曲家が本当に誰からも忘れられてしまうのではないかと感じてしまう。多数のヴェネツィアを舞台としたオペラを作曲し、ヴェネツィアを心から愛したヴォルフ＝フェラーリを想うと、いたたまれない気持ちになる。私はイタリアに行く度に、かのムーティが問題視しているように、イタリア人でもオペラを熱く語られなくなっていることを実感している。有名なオペラ公演ばかりをルーティーン化させ、プッチーニ以降の作品がほとんど取り扱われていない。私はイタリア・オペラの歴史は当時のままで止まり、知識も薄れ、このままではオペラを愛する人が減少してしまうのではないかと危惧している。その原因に近代イタリア作曲家が戦争という恵まれない時代に巻き込まれてしまった背景もあるだろうが、もっとも我々にもイタリアのコミック・オペラを継承している作曲家が誰であるのかについ

ての認識が乏しく、ヴォルフ＝フェラーリのように、20世紀にあってもオペラを中心とした作曲活動を行った人の作品について興味を持ってこなかったこともその原因ではないかと考える。きっとその時代に活躍したヴォルフ＝フェラーリの作品を見直してゆけば、先世紀のイタリア人作曲家、カゼッラやアルファーノ、レスピーギ、チレア、そしてマリピエーロやダッラピッコラそしてベリオらの作品をもっと身近に感じられることが出来るのではないだろうか。私は一人の研究者として、これからのイタリア・オペラを考えるためには、まだ知名度の低い現代イタリア・オペラを積極的に研究し、人々に興味を持ってもらうことが大切なことだと考える。そのためにヴォルフ＝フェラーリが、オペラ作曲家だと世界中に知らしめる事になったこの作品《スザンナの秘密》の研究を進めた。それは当時、他のオペラよりも公演しやすいこの作品がまるでタバコの煙が充満するように流行したことが、また現代にも繋がるのではないかと願いをこめているからである。

2019年6月
岡元敦司

≪ラファエッロ・デ・レンスィス直筆のサイン≫

エルマンノ・ヴォルフ＝フェラーリ作曲

スザンナの秘密

IL SEGRETO DI SUSANNA
Di Ermanno Wolf=Ferrari

INTERMEZZO IN UN ATTO
Di Enrico Golisciani

原作　フランスの民話
台本　エンリコ・ゴリシャーニ

エルマンノとインテルメッツォ「スザンナの秘密」

　エルマンノ・ヴォルフ＝フェラーリは1876年1月12日ヴェネツィアでドイツ人画家アウグスト・ヴォルフとイタリア人エミーリア・フェラーリの間に生まれた。3歳から音楽を学び、12歳で小編成の楽曲を作曲、当初父親の影響でローマの美術学校に通うが、うまくいかず、ミュンヘンに移り住む。その後ミュンヘン音楽アカデミーに入学しピアノと作曲を学んだ。

　そこでロッシーニやワーグナー、ヴェルディと言った作曲家の影響を受け、初のオペラ≪イレーネ≫を作曲、しかし発表に至らず、結局このヴェリズモオペラの繁栄期に≪チェネレントラ≫をヴェネツィアにて発表することになる。しかし初めてのオペラ制作では様々な問題にぶち当たり、とても成功とはいえない結果で公演を終えることとなった。しかし後にこの作品はドイツ語作品として成功を収めて、彼の作品は改めて評価され、その後オラトリオ≪新生≫や様々な室内楽を作曲、ついにはヴェネツィアのマルチェッロ音楽院の音楽院長になった。

　1900年代に入ってプッチーニやマスカーニ、レオンカヴァッロ、ジョルダーノなど才能ある作曲家が活躍し始め、空前のオペラブームにより出版社が競ってオペラ公演を打ち始める、ヴォルフ＝フェラーリも当時コンメディアラルテで流行していたゴルドーニ作品に目をつけてオペラ作曲に励んでいた。≪好奇心の強い女たち≫、≪四人の田舎者≫などの作曲を踏まえて、ついに長年の構想にあった幕間劇のような簡潔で良く整理された喜劇をオーケストラ伴奏で作曲した。そのタイトルはインテルメッツォ≪スザンナの秘密≫、同時にナポリを舞台にした3幕もののオペラ≪マドンナの宝石≫も作曲、この二作品を作曲することにより音楽院を辞職し、作曲家として生計を立てる決意をした。

　≪スザンナの秘密≫は1909年12月4日にミュンヘンホーフテアターにて初演され、3年間で30の劇場が取り上げ、かつて無いほどの大成功を収めた。その後≪マドンナの宝石≫は海を越え、アメリカで公演されその間奏曲は現在最も演奏される作品となった。イタリアでの失敗からドイツでの成功を得てヨーロッパに広まり、ついにはアメリカで大成功を収めることになったのもこの小さなインテルメッツォ≪スザンナの秘密≫がきっかけになったと言っても過言ではないだろう。　その後世界は暗い戦争の影に覆われ、1915年から1919年までヴォルフ＝フェラーリも沈黙、ようやく作曲活動を再開し、また再び注目をされるようになった頃1923年には47歳、≪相思相愛の夫婦≫、≪扇≫、≪恋のお医者様≫、≪天の羽衣≫などのオペラを作曲した。しかしこれらの作品はあまり話題に上がらなかったが、その後ついにスカラ座の依頼でオペラ≪スライ≫を発表、ヴォルフ＝フェラーリの進歩が見出され、≪抜け目のない未亡人≫に続いてこの二作品はオペラのメッカ、イタリアにて大きな好評を得ることになる。そしてゴルドーニ作品5作目となるオペラ≪イル・カンピエッロ≫を1936年にスカラ座で初演、大成功を収めた。翌年オペラ≪愚かな娘≫を作り1939年2月1日に初演したが、同年にザルツブルグのモーツァルテウムの教授に任命されたこともあり、あまり話題にならなかった。第二次世界大戦の中、ひっそりと作曲法を教え続け、1943年オペラ≪神々はテーベに≫を発表するが、戦争の混沌の中に埋もれてしまった。終戦後はスイスに住んだが、1947年故郷ヴェネツィアに戻り1948年1月23日ヴェネツィアの家族に囲まれて息を引き取った。

Il segreto di Susanna

あらすじ

ヴォルフ＝フェラーリ　オペラ「スザンナの秘密」

WOLF=FERRARI: Il Segreto di Susanna

1幕一場

　　イタリア・ピエモンテの貴族、ジル伯爵は伯爵夫人スザンナと新婚ホヤホヤ。嫉妬深いジルはスザンナに一人では外出しないように言いつけていたのに、外でスザンナのような姿を見たと屋敷に戻ってきます。そのままジルは別部屋に入りますが、入れ違いにスザンナが急いで外から戻ってきます。グレーのマントと赤い帽子、それに小さな包みを召使のサンテに渡して部屋に入ります。戻ってきたジルは、スザンナが部屋にいるのを見て安心しますが、タバコの匂いに気がつき、不審に思います。ジルは召使のサンテを呼んでタバコを吸うかと聞きますが、サンテは身振りで吸わないと告げます。ジルは、スザンナの愛人がタバコを吸ったのではないかと疑いを持ちます。

チェンバロを弾きにスザンナが戻ると、ジルは、スザンナに断りもなく外出したのではないかと話しますが、スザンナは否定します。そこにサンテがチョコラッテを持って戻ってきます。サンテは、タバコの匂いに感づかれたことをスザンナに知らせようとしますが、スザンナは気がつきません。ジルはチョコラッテを飲みながら懐かしい思い出を語りはじめ、お互いの愛を確かめるためにスザンナを抱きしめますが、再びタバコの匂いに気付き、彼女を突き放します。スザンナはさらに怪しいことを言い始め、妻が浮気をしていると信じたジル伯爵は激怒し、家中で大騒ぎします。スザンナは泣き出して自室へ逃げ、ジルはため息をついて崩れてしまいます。

スザンナは手袋と帽子と傘をジルに渡し、会合のために外出の用意をします。妻が自分を追い出そうとしていると感じたジルはますます疑いが深くなり、出て行こうとしますが、スザンナが引き留めます。あまりにも可愛らしい言葉に機嫌を直したジルでしたが、帰りの際には、強く呼び鈴を鳴らしてという言葉に再び浮気の疑いを深めて怒って出て行きます。

ジルが出かけたあと、サンテとスザンナは部屋に鍵をかけて閉じこもりタバコに火をつけます。そこにノックが聞こえ、突然伯爵が帰ってきます。再び強いタバコの匂いに気がついて、家中怒り狂って探し回りますが誰もいません。仕方なく傘を忘れたのだと言ってまた出かけます。

スザンナは、再びタバコに火をつけてゆっくりと楽しみます。今度は奥の窓から突然ジルが入ってきて、スザンナは火のついたタバコを慌てて後ろに隠しますが、疑ったジルはスザンナの後ろに手を回し火傷をします。そこで初めて妻の秘密が浮気ではなくタバコであったことに気がつきます。ジルは謝る妻を許し、自らのタバコに火をつけ、二人は仲良くタバコを楽しむことを誓います。

Il segreto di Susanna

登場人物

Il Conte Gil	ジル伯爵（バリトン・30歳）
Susanna	スザンナ伯爵夫人（ソプラノ・20歳）
Sante	サンテ（給仕・50歳・黙役/パントマイム）

舞台設定

２０世紀初頭のピエモンテにあるジル伯爵家の豪邸にある豪華なサロン。

舞台下手；ジル伯爵の書斎（２人の寝室、第１の部屋、左側にある部屋。）

舞台上手；スザンナの部屋（第２の部屋、右側にある大きなサロン。）

舞台中央奥；外へつながる扉がひとつ、そして出入り可能な窓がある。

Il segreto di Susanna

Atto Primo	第 1 幕

[Elegante salone in casa di Gil, porta e finestra nel fondo; porte laterali]
[Gil in abito da passeggio, il cappello rialzato sulla fronte, entrando frettoloso dal fondo]

優雅なジル邸のサロン、扉と窓が奥にある、側面に扉。（ジルは）散歩着、散歩用のつばが前に上がった帽子、（グレーのマント、赤い小さな帽子、優美な格好をした妻のスザンナらしき姿を偶然発見したことで驚きあわてて）奥の外につながる扉から血相変えて帰ってくる。

GIL
Mantiglia grigia,….
cappellino rosa,…
figura snella…
Chiarirò la cosa!..

ジル
グレーのマント、
赤い小さな帽子、
優美な格好、
この事が分かるだろう！

[entra sempre in fretta nella prima stanza a sinistra.]
[Susanna entrando concitata dal fondo mentre Gil esce di scena, in abito da passeggio, mantiglia grigia e cappellino rosa, e parlando sotto voce a Sante al limitare della porta]

常に急いで初めの部屋から左手の部屋へ
スザンナは慌てて奥の扉から入り、ジルが舞台袖（左手にある"第１の部屋"）へ出ると同時に（スザンナが）グレーのマント、赤い小さな帽子をかぶって、（奥の）扉から入り、小さな声でサンテ(召使い)と話をしている。

SUSANNA
Tornato adesso?
Prendi, Non far motto!

スザンナ
（ジルは）今帰ったって？
受け取って、余計な事を言ってはだめよ！

[Consegna mantiglia, cappello, e un involtino di carta a Sante, che l'intasca subito e riparte pel fondo]

（スザンナは）（グレーの）マント、（赤い小さな）帽子、そして紙を丸めた物をサンテに渡し、（サンテは）すぐにそれをポケットにしまって奥へ帰る。

SUSANNA
Che Gran paura !

[Corre a guardare verso la prima stanza a sinistra e respira forte]

SUSANNA
È in camera!

[Entra nella stanza a dritta]

[Gil tornando agitato dalla stanza dov'è entrato, e andando subito a guardare nella seconda a dritta, respira forte anch'esso]

GIL
È in salotto !

[Si cava il cappello,s'asciuga il sudore e siede]

GIL
Avrò di certo veduto male.
non era lei,Ma è naturale!
[a un tratto fiutando d'intorno sorpreso]
Però..Se l'occhio cadde in errore,
Non erra il naso, che avverte odore..
Odor, per Bacco,
ch'è di tabacco!
[alzandosi]
　(＊GIL: È di tabacco)

スザンナ
なんて恐ろしいの？

（スザンナは）慌てて舞台左手の"第１の部屋"へのぞきに行き、（伯爵がまだ部屋にいることを確認して）大きく吐息する。

スザンナ
伯爵は部屋にいるのね？

(スザンナは）舞台右手の"第２の部屋"に入る。

（ジルは）慌てて入ってきた中央のサロンへ戻り、すぐに舞台右手にある"第２の部屋"をのぞきに行き、（変わりのないスザンナの様子を見て）大きく吐息する。

ジル
（スザンナは）大きなサロンにいる・・

(ジルは）帽子をとり、そして自らの汗をぬぐいながら座る。

ジル
（私は）確かに悪い物を見たのであろうが彼女ではなかった。変わりないのだ！
[まわりに漂う煙の匂いに驚いた表情で]
しかし・・もし目ではごまかされても、この匂いをかぐ鼻だけはごまかされないぞ・・・
何ということだ、臭いだ、
（それは）タバコのものだ
[立ち上がりながら]
　（＊ジル；（これは）タバコのものだ）

GIL
Si…Ben lo conosco, l'odor molesto,
che per istinto schivo e detesto!
Chi la mia casa dunque profuma?
Io? Se non fumo? Io non fumo!
Lei? Ma non fuma! Lei non fuma!
Frattanto ahimè, l'odore c'è!
l'odore c'è, frattanto, ahimè!
Oh il rio pensiero, che d'improvviso
mi nasce in mente..come un avviso!
e cresce cresce..si fa gigante…
lancia un sopetto raccapricciante!
Un seduttore!
Un fumatore!
Dio! quale orrore!

Eppure occorre prudenza e flemma,
Perchè si sciolga l'aspro dilemma.
Più d'uno sposo…lui disgraziato!
sposo divenne…predestinato,
solo perchè
troppo temè
d'essere..ahimè!

GIL
Ad indagare incominciamo!-Ehi Sante!
(＊Ad indagare cominciamo!-Ehi Sante!)
(a)
Dimmi la verità,Sante!...Tu...fumi.(b)
Fuma forse…per caso…la Contessa?(c)
E allora,quest'odor che qui si sente?(d)

ジル
そう・・・よく知っている、しつこい香り、
ひどく嫌な逆なでする憎悪だ！
私の家で誰がこの香りを放っているのだ？
私？私が吸う？私は吸わない。
彼女？でも吸わない！彼女は吸わない！
その間にも、あぁ、この香り！
この香り！何てことだ！
おぉ、悪い考えが頭をよぎる、
私に警告の知らせが生まれつつある。
それは少しずつ大きくなって、巨大化する。
ぞっとするような不安が胸に突き刺さる。
女たらし！
喫煙者！
神よ！なんてことだ！

思慮深い忍耐を与えてくださっても、
なぜ突然窮地に落とされるのですか？
一人の婿にはあまりにも惨めです。
この結婚はこうなる定めだったのですね、
でもなぜ？
なんて恐ろしいこと、
あなたはなさるのですね、ああ！

ジル
よし、調査してやるぞ！おいサンテ！
（＊同訳のバージョンがある）

本当のことを言え、サンテ、たばこを吸う
のか？もしかしたら、そんなはずないが、
伯爵夫人か？ではこのここで感じる匂いは
何なのだ？

(a)[chiamando verso il fondo. Sante entra]
(b)[Sante, frenando il suo turbamento alla domando a truciapelo, s'affretta a fare un gesto negativo]

(c)[Nuovo turbamento di Sante, e gesto anche piu` negative]＊[Nuovo turbamento e gesto come prima di Sante]

(d)[Sante si stringe nelle spalle con fare esagerato;Dalla stanza di Susanna perviene un suono delicato di cembalo. Sante intanto s'affanna a far dei segni verso la stanza di Susanna,aggiungendovi il gesto del fumo, di cui Gil ha sentito l'odore e dando a divedere che dal salotto non gli si bada]

先ほど、スザンナに報告をしたサンテが舞台奥から呼ばれる。
ついに恐れていた質問が来たサンテはジルの血相抱えた表情に動揺を隠し切れないが、急いで"吸っていないです"というジェスチャーをする。
あまりに直接的な質問に、さらにサンテは動揺する、そしていっそう強く"伯爵夫人も吸っていないです"といったネガティヴなジェスチャーをする。
サンテは大げさに肩を上げて"さぁ？"のジェスチャーをする、スザンナの部屋からチェンバロの繊細な音が聞こえてくる。サンテは不安そうにスザンナの部屋の前まで行き、スザンナにタバコを吸うジェスチャーをして伯爵が気づいたことを告げようとするが、彼女は気がつかない。一方ジルもさらにタバコの匂いを感じ、スザンナの部屋から発している匂いを明らかに感じる。その間ジルはサンテの行動に気がつかない。

[da sè]
(a)
<u>GIL</u>
Evitiam che un domestico
Sospetti...ch'io sospetto!
#Ahimè...l'odore c'è.
[a Sante](b)
M' avveggo che sai niente!-Basta,via!
(＊va!)

[da sè]
sarà una fantasia dell'odorato.
[a sante]
Prepara il cioccolato.(c)
 (＊prepara il thè)

［独白］
ジル
あの召使いは信用ならん、
私が疑っているということを隠さねば・・
あぁ、やはり臭う！
［サンテへ］
お前は何も知らないのだ、もう行きなさい！

［独白］
これはきっと香りによる幻想なのだ
［サンテに］
チョコラートを用意しなさい
（＊；紅茶を用意しなさい）

(a)[Dalla stanza di Susanna previene un suono delicato di cembalo.Sante intanto s'affanna a far dei segni verso la stanza si Susanna,aggiungendovi il gesto del fumo, di cui Gil a sentito l'odore e dando a divedere che dal salotto non gli si bada.]

(b)[*Alla prima parola che gli volge nuovamente il padrone, Sante immediatamente si pianta in atto ossequioso e impassibile]

(c)[Sante, gestendo ancora come prima verso il salotto, esce dal fondo]

スザンナの部屋からはチェンバロの繊細な音が聞こえてくる。サンテは不安そうにスザンナの部屋にたばこのジェスチャーを加えたサインを送っている。ジルはたばこのにおいに気が付いてサロンから不注意な彼女の姿を見ている。

"*主人の新たに発せられた言いつけにサンテは直ちにそ知らぬ顔でこびへつらう態度を見せ居座る"まだ必死にスザンナに伝えようとしているサンテは、突然ジルから話しかけられるが、何事もなかったように、追従的に平然を装う。

サンテ、奥へ下がろうとして、引き続きスザンナの部屋の前でタバコを吸うジェスチャーをしてスザンナに知らせようとするが、彼女は気がつかない。

GIL
Ella suona..ed io fremo, e m'arrovello!(a)

E tradirmi potrebbe…dopo un mese?(b)

(a)[passeggia concitato, sostando di quando in quando]
(b)[Guardando verso il salotto]

ジル
彼女はチェンバロを弾いている、
私は怒り、震えている。

たった1ヶ月しか経っていないのに、私を裏切るのか？

ジルは落ち着かない様子でうろうろし、立ち止まっては考える。
ジルはスザンナの部屋をのぞきながら、怒りを覚える。

GIL
Silenzio… lascia il cembalo…(a)

Guardala!...con quell'aria ingénua e franca,
 （＊Sul bel visino impressa ）
la si direbbe l'innocenza istessa!

ジル
静まった、チェンバロをやめたのか・・

彼女のあの自由奔放な姿を見ていると、
（＊永遠の美しい顔）
変わらない潔白を感じる！

E si tristo sarei
da dubitar di lei?
No,…mi convince, è Sante,
　（＊No...mi convinco, è Sante）
è quell vecchio volpone,
che se la fuma in barba al suo padrone!

　（♯Si, è lui, è lui!）(b)

彼女を疑うなんて
悲しいことになるのではないか？
いや、いや、分かったぞ、サンテだ

あの悪賢い老人め
あいつが主人の目を盗んでタバコを吸っているに違いない、
　（♯そうだ、あいつだ、あいつだ）

(a)[Vedendo entrar Susanna, che va a mettere dei fiori in un elegante vaso sul tavolino, si nasconde dietro un paravento]

チェンバロをやめたスザンナは小さなテーブルの上で豪華なつぼに花を生けている、ジルはついたての後ろに隠れながら様子を見ている。

(b)[Gil, scherzoso, avvicinandosi non visto a Susanna, le chiude gli occhi colle mani]
[＊Gil,scherzoso,venendo non visto dietro Susanna,le chiude gli occhi colle mani]

純白なスザンナの姿を見て一度は疑いが全てサンテの方へ行く。ついにジルの疑いは一時的に晴れ、ふざけながらずっと見つめていたスザンナの後ろへ行って両手で目をふさぐ。

SUSANNA
Oh!...siete qui, mio Gil? Buona sera!(a)
（＊Oh!...siete qui, mio caro? Buona sera!）

スザンナ
あぁ、あなたいたのね。私のジルでしょ？
こんばんは。

GIL
Mia piccola Susanna,sono qui.
[da sè]
È volto quello di chi un marito inganna?(b)
[a Susanna]
Sedete a me vicino, e discorriamo,
mia candida colomba,
limpida stella mia,　presente sempre,
come farò ai viandanti, agli occhi miei!(c)

ジル
わたしのかわいいスザンナ、ここだよ
　［独白］
この表情が夫を裏切っているなんて考えられないぞ？
　［スザンナに］
私の近くに座りなさい、少し話そう、
私の汚れなき小鳩さん、
旅人たちを照らし続ける透き通った
明るい星のように輝いているよ！

Tanto è ciò vero che…ridete, o cara!
benchè sappia che sola non uscite,
Poc'anzi mi sembrò..ridete, o cara!

それは本当だよ、笑うのかい、愛する君！
私は君が一人で外出しないと知っている、
少し前の話だが、気になる・・笑うのかい、愛する君よ！

SUSANNA
Rido,ma di che cosa?(d)

スザンナ
笑うわ、でも何が気になるの？

GIL
Mi sembrò da lontano
di vedervi per via…figura snella,
mantiglia grigia e cappellino rosa!

ジル
遠くから見たのだが、
通りで君を見たのだ、小奇麗な格好で、
グレーのマント、それに赤い帽子をかぶっていた！

SUSANNA
Or si, rido a proposito!(e)
Uscir sola,
contro il vostro divieto?(f)
M'ha veduta!

スザンナ
そう、だから笑えたの！
一人で外出したらいけないなんて、
禁止されていたのね？
見られていたのね

(a)[simulando maraviglia, indi con somma grazia]

スザンナはジルがいたことを知らなかったみたいに驚いたふりをし、愛情あるしぐさで答える。

(b)[prendendole le mani affettuosamente]
(c)[Sedendo intanto insieme a Susanna presso il tavolo e assumendo un tuono volutamente scherzoso]

愛情をこめて彼女の手をとりながら、
ジルはそう言いながら、テーブルをソファの前にセッティングしてスザンナと座り、冗談交じりに話し始める。言いにくそうに口ごもりながらスザンナに問う。

(d)[continuando]
(e)[Sforzandosi a sorridere per nascondere la sua agitazione, e arrossendo frattanto involontariamente]
(f)[Da sè, rapidamente]

ジルはそのまま話を続けて、
スザンナは動揺を隠しながら、無理やり笑顔で、思わず顔が赤くなる。

急いで独白する。

GIL
So che m'illusi…ma…perchè arrossire?(a)

スザンナ
それじゃ、僕の思い違いか・・でもなぜ顔が赤くなるのだ？

SUSANNA
Perchè…mi spiace udir la prima volta.

delle cose da voi,
che non dovreste nè pensar, nè dire!

スザンナ
だって、あなたの言いつけにそむいたのは初めてなので悪かったと思っています。
でも禁止されていたなんて・・考えてもいなかったですし、言ってもいなかったですわ！

GIL
Si,si,vi do ragione,
non siete già di quelle!
voi, buona fra le buone!
voi, bella fra le belle!
V'uguaglio, o cara, a un giglio,
e il paragon non fallo,
a specchio v'assomiglio
dal limpido cristallo.
（＊dal nitido cristallo）
L'ombra d'un dubbio ostile.
sia pur fugace e lieve,
lo specchio, e il fior gentile,
contaminar non deve!

ジル
そのとおりだ、わかるよ、
君は他の女性とは違う、
君は他の淑女の中でも最もすばらしい、
君は他の美女の中でも最も美人だ、
愛する人、君は百合にふさわしい、
いやたとえることなど出来ない、
君がそのものなのだ。
クリスタルに満ちた鏡のように、
（＊清いクリスタル）
君の純白な心は疑いや
敵意などの影も取り除くだろう、
親しみ深い花に包まれた鏡は
決して汚れたりしないのだ

(a)[S'alza e cosi anche Susanna]

ジルは立ち上がり、スザンナも同じように立ち上がる。

SUSANNA
Come sapete a fondo.
la scienza d'ingraziarvi!

スザンナ
なんて女心の深くまで、
熟知しているのでしょう！

GIL
No,cara,vi rispondo:
non so..che idolatrarvi!

ジル
いや、愛する君よ、
君をどれだけ愛しているか、

Vizi non ho…nè gioco,
nè vin, ne fumo…[da sè]Guai!

[Da sè]
SUSANNA
Ah,me ne duol non poco!...

GIL
E quanto a donne, il sai,
non ne amo, nè desidero
che una, e me ne vanto.
Mio tutto ti considero,
non mia metà soltanto.(a)
E sempre innamorato,
Susanna, e giammai sazio…(b)

．

SUSANNA
Sancio col cioccolato.(c)
（＊Sante col thè(d)）
GIL
Io tanto lo ringrazio.(e)

[Da sè]
SUSANNA
Dal suo gesticolare (g)
io credo di capir...
(*mi sembra di capir..)
GIL
Sante! Potete andare!

[a Susanna]
GIL
Da me ti vo'servir!

　　　　　　　　　　君のためなら悪い遊びもしない、
　　　　　　　　　　ワインも飲まない、タバコも吸わない・・
　　　　　　　　　　[独白]なんてことだ！

　　　　　　　　　　[独白]
　　　　　　　　　　スザンナ
　　　　　　　　　　あぁ、それは厄介だわ

　　　　　　　　　　ジル
　　　　　　　　　　女性のことについて、言っておくが、
　　　　　　　　　　他の女性に現を抜かすこともなく、
　　　　　　　　　　君だけを愛しているのだ、
　　　　　　　　　　それこそが私の誇りなのだ、
　　　　　　　　　　君のことしか考えていない、
　　　　　　　　　　永遠に愛し続けるし、
　　　　　　　　　　スザンナ、君は僕にとって満たされた存在・・

　　　　　　　　　　スザンナ
　　　　　　　　　　サンテがチョコラートを持ってきましたわ
　　　　　　　　　　（＊サンテが紅茶を持ってきましたわ）
　　　　　　　　　　ジル
　　　　　　　　　　わたしは結構だ！！(f)

　　　　　　　　　　［独白］
　　　　　　　　　　スザンナ
　　　　　　　　　　サンテはジェスチャーで・・
　　　　　　　　　　私に何か伝えようとしているわ・・(h)(j)

　　　　　　　　　　ジル
　　　　　　　　　　サンテ、下がりなさい！

　　　　　　　　　　[スザンナに]
　　　　　　　　　　ジル
　　　　　　　　　　私が注ごう！

(a)[con ardore crescente]
(b)[Facendo per riprenderle le mani, con gran trasporto]

(c)[Indicandogli in tempo Sante, che giunge dal fondo con l'apparechio pel cioccolato]
(d)[＊con grazia sorridente]
(e)[Contrariato,Bruscamente]

(f) [Si scosta da Susanna, passeggiando nervosamente, e giocando col pomo del suo bastone, mentre Sante, di furto, s'affatica a rifare i suoi segni d'intelligenza verso Susanna ripetendo dal padrone, ma nel contempo preparando sul tavolo il cioccolato]

[＊Si scosta da Susanna, passeggiando nervosamente, e giocando col pomo del suo bastone, mentre Sante, di furto, s'affatica a rifare i suoi segni d'intelligenza verso Susanna ripetendo anche il gesto dell'odor di fumo scoperto dal padrone, ma nel contempo preparando sul tavolo il thè]

(g)[da sè, verso Sante turbato]

(h)[occupandosi a versare il cioccolato in tazza dopo aver smesso il suo passeggiare ed essersi appressato al tavolo]

ジルは情熱を増してゆき
ジルの情熱はさらに増してゆき、興奮を抑えられずに、またスザンナの両手を握り締める。
チョコラートの準備のために器具を奥から取り出しているサンテを指差す。

（＊愛情のこもった微笑を見せながら）
ジルは荒々しく、いらだって、

その間にジルはソファから立ち上がり、スザンナから離れる。不安そうにサロンをうろつき、ジルのステッキの握りの部分で落ちつかなそうに手遊びをしている。サンテは、ジルの目を盗んではスザンナに、ジルがタバコのことに気がついたことを激しくジェスチャーで伝えようとする。でも同時にチョコラートをテーブルに用意している。
オリジナル台本には、サンテのジェスチャーに関しての詳細を"タバコの匂いをジルが感づいたジェスチャー"と書いてある。

スザンナはジルの目を盗んでジェスチャーしているサンテを見て、
ジルがうろうろするのをやめ、テーブルに近づいた後、サンテは忙しそうにカップへチョコラートを注ぐ。

(j)[Sante, smettendo i sui gesti,si pianta immediatamente]

[Sante s'inchina ed esce, seguito da uno sguardo diffidente di Gil, che poi cambia subito tuono,e va ad offrir galantemente una tazza di cioccolato a Susanna, sedutasi sul sofà, e dedita a reprimere il suo turbamento.Susanna ringrazia con un sorriso, e comincia a centellinare il cioccolato,mentre Gil,con un altra tazza fra le mani, va a sederle vicino,centellinando poi anch'esso, e volgendo dolcemente la parola a Susanna]

ジルに"サンテ！"と声をかけられジェスチャーを止め、すばやく気をつけの姿勢になる。

サンテは頭を下げて礼をして退場、ジルはサンテが本当に部屋から出るか疑い深い視線で見送っている。表情をすぐに変え、またすぐにスザンナに親切になり、彼女のカップにチョコラートを注ぐ。そしてソファに座り、動揺を隠し切れないスザンナのカップにチョコラータを注ぐ。スザンナはチョコラートを注いでくれたことに笑顔で感謝し、少しずつチョコラートをすすり始める。ジルはもうひとつのカップを手にして、彼女の近くに座り、同じようにチョコラートをすすり始める。そして甘く優しい口調で彼女に話しかける

GIL
Il dolce idillio,
dimmi,rammenti.
de' primi giorni del nostro amor?

ジル
ねえ、言ってごらん、
甘く平穏な生活を、
あの愛に満ちていた日々を覚えているかい？

SUSANNA
Parmi rivivere
tutti i momenti
di quell'idillio nel vivo ardor!

スザンナ
今も同じように
あの熱情的な日々を
思い出しながら続いていますわ

GIL
Là nel giardino…

ジル
庭の中で‥

SUSANNA
pieno di sole…

スザンナ
日をいっぱい浴びて‥

GIL
Molti sospiri…

ジル
ため息もたくさんついた‥

SUSANNA
poche parole…
io ti sfuggivo…

スザンナ
ほとんど何もしゃべらないまま、
逃げ出してしまいましたわ

GIL	ジル
io t'inseguivo	僕は追いかけた、
e fu così	そしてこうやって
che un certo di	あの大切な・・
colsi il primissimo	初めてのキスを
bacio furtivo!(a)	密やかにしたね！
SUSANNA	スザンナ
L'intraprendente! me lo rubò!	大胆にも、私から盗んだのよ！
GIL	ジル
Ten resi tanti! Me lo contò?(b)	それは何度も償ったじゃないか？
（＊Ten resi tanti! Chi li contò?)	
Io fui, per questo,	そのことに関しては
Un ladro onesto!	正直な泥棒だったよ
DA DUE	二人
Care memorie!(c)	愛らしい思い出、
fresco sorriso	今もほほえましい、
d'un paradiso,	天国にいたような思い出、
Che ci beò! (＊che ci ben ho) (d)	今も持ち続けている

(a)[Con grazia scherzona, mentre porge la tazza a Gil, che va a deporla, unita alla sua, sul tavolo]

スザンナは愛らしい冗談のつもりで、ジルのカップを脇にあるスザンナのカップに摺り寄せて置いて、ひとつに硬くくっつける。ジルはその様子を見て、

(b)[scherzo anche per lui]
ジルも冗談交じりに応える。

(c) [＊appassionatamente]
"情熱的に"

(d)[Gil, nella sua effusione, termina con l'attirare teneramente a sè Susanna, per abbracciarla]
ジルは愛情溢れ、スザンナを優しく抱くために引き寄せる。

[Da sè] [独白]

GIL	ジル
Ah! l'odore fatal sin nella veste!(a)	あぁ！いやらしい匂いが服の中に！
SUSANNA	スザンナ
Ha fiutato...e ha sentito!...(b)	臭ったのね、気づかれたわ！

Il segreto di Susanna

GIL	ジル
Ella si turba	彼女は狼狽している、
Con sospetto...certezza!	疑わしいぞ、確実だ！
(＊Non sospetto..)	
SUSANNA	スザンナ
Ahimè ahimè	あぁどうしましょう！
Ma ch'io faccia sul serio	でも私はこんなに不安になるほど
qualche cosa di male?	悪いことしたのかしら？
(＊S; Povera me!)	（＊"かわいそうな私"）

(a)[d'un tratto sciogliendosi dall'abbraccio,e alzandosi come atterrito]
(b)[turbata pel turbamento di Gil, alzandosi, da se]
(c)[Da sè, ossevandola vieppiù agitato]
　(＊da sè, verso Lei)
[da sè intanto, con tono disperato](＊da sè intanto preoccupata)

ジルは突然彼女を押しのけて、恐怖に取り付かれたように立ち尽くす。
ジルの苦悩に満ちた表情を見て、彼女も立ち上がって独白。
スザンナのことをじっと観察して、さらに焦りながら独白する。
　落ち込んだ様子（不安な）声色で独白。

GIL	ジル
Susanna! non negarlo!(a)	スザンナ正直になりなさい、
Tu covi!	何か隠しているな？
SUSANNA	スザンナ
Io?　(b)	私が？
GIL	ジル
Sì! Un segreto!	そうだ、秘密を
Confessa!(c)	白状しなさい！
SUSANNA	スザンナ
Ebben.. (d)	それで
GIL	ジル
Di su!	さぁ！
SUSANNA	スザンナ
Se...fosse vero?	もしかして、それが本当だとしたら？
GIL	ジル
Susanna!(e)	スザンナ！

SUSANNA	スザンナ
Se più forte	もし私の意志が
della mia volontà..	もっと強ければ・・
GIL	ジル
Susanna!!	スザンナ！
SUSANNA	スザンナ
Un vizio...	悪い癖よ・・
una voglia...che ha poi la sua ragione...	欲望から来る・・それにはそれなりの理由があってよ
GIL	ジル
Susanna!!!	スザンナ！！
SUSANNA	スザンナ
Spesso al circolo	あなたは集まりで
tu ten vai degli amici...io passo il tempo...	友人と会いに行くでしょ、その隙に・・
GIL	ジル
Udir si può di peggio?	何をひどいことを言っているのだ？
SUSANNA	スザンナ
Se come gli altri, tu chiudessi un occhio...	だって誰だってよくなさっているわ、あなたも私の秘密にあなたが目をつぶってくれるかしら
sul mio segreto?	
GIL	ジル
Io?...lo distruggerò(f)	私が？そんなもの全て壊してやる！
SUSANNA	スザンナ
Resta a veder se trovi!(g)	もし見つけても放っておいて、
Con ogni cura (io) lo nasconderò	私も見つからないように努力しますわ

(a)[afferrandole le mani]	スザンナの両手をつかみながら問う。
(b) [smarita]	当惑しながら応えるスザンナ。
(c)[＊Proseguendo]	"続けて"
(d)[risolvendosi,tremante]	怯えながらも決然とスザンナは応える。
(e)[retrocedendo spaventato]	ジルは驚きのあまり後退する。
(f)[Cieco d'ira scattando]	ジルは無差別な怒りがこみ上げてゆく。
(g)[con vivacità, mista di dispetto]	スザンナは生き生きと意地悪な気持ちで。

GIL
Scellerata! Da tua madre(a)
andrò tosto a reclamare!
Quella femmina esemplare!
per austera dignità,
che giammai non s'è permessa
di sifatte enormità!

SUSANNA
Eh! mio Dio! chissà che anch'essa...(b)

GIL
Questo è colmo! Taci là!(c)
Tali orrori...me li dici
con quel tuono da innocente?
Me li dici, come niente...
o model di falsità?

SUSANNA
Maltrattarmi, via, per nulla!(d)
O che tante non lo fanno?
Sei cattivo...sei tiranno,
senz'amor...senza pietà!

GIL
Io? Sciagurata!
Ma cospetto! basti, basti,
Io più gonzo non sarò!
(＊Io tiranno? Un gonzo io fui,
che pel naso tu menasti!
Ma cospetto! basti, basti!
Io più gonzo non sarò

SUSANNA
Meco usar villan linguaggio?(e)

ジル
なんていうことだ！お前の母に
このばかげたことを申し立てに行くぞ、
彼女は模範的な女性だ、
厳かで、品のある方だ、
こんな酷い事を
自分で許すはずのない女性の鏡だ

スザンナ
あぁ、神様！お母様だって分かりませんわ

ジル
もうたくさんだ！だまれ！
そんな潔白気取りで私に言うなんて
恐ろしい限りだ！
それをなんでもないように言うなんて！
そんな嘘つきになったのか？

スザンナ
なんでもないことで私を責めないで！
皆同じようなことをしていないの？
あなたは悪いわ、威張ってばかり、
私を愛してないし、慈悲深くないわ！

ジル
私が？馬鹿なことを！
これは驚いた！もうやめだ、やめだ、
もうこれ以上騙されたりしないぞ！
（＊威張っているだと？私は馬鹿だった。
君のしている事は鼻につくのだ！
これは驚いた！もうやめだ、やめだ、
　もうこれ以上騙されたりしないぞ！）

スザンナ
そんなひどい言葉を使うの？

GIL Userò dell'altro ancora!	ジル まだ他の言葉も使うぞ
SUSANNA Minacciarmi? ne hai il coraggio? (＊Minacciarmi? Ne hai coraggio?)	スザンナ 私を驚かすの？そんな勇気もないくせに？
GIL Cirle no! fatti o signora!(f) Toh! Toh! Toh! Toh!	ジル お嬢さん、そう思ったら大間違いだ！ そら！そら！そら！そら！
SUSANNA Pian!...che fai tu?(g) fermo, Vandalo!(h)	スザンナ やめて、何をするの？ 落ち着いて、野蛮な人！
GIL Toh! Toh!(i)（＊Giù! giù!） Ah! tener cosi potessi chi m'intendo...sotto il piè!(j)	ジル そら！そら！ もしそいつを捕らえる事が出来たら、 この足元にひれ伏させるぞ！
SUSANNA Conosciuto mai t'avessi!	スザンナ こんなあなたを知らなかったわ！
GIL Debbo ciò dir io di te!	ジル それは私が言う台詞だ！
SUSANNA Men vo' dunque!(k)	スザンナ もうお別れね！
GIL Sai la strada, donna...doppia!(l)	ジル 道は分かるかね ・・２枚舌女め！
SUSANNA Men vo' a piangere di là!	スザンナ あそこで涙を流すために行くわ！
GIL Coccodrillo!	ジル このワニ女め！
SUSANNA Tigre!	スザンナ トラ男！
GIL Bada! Scoppio...	ジル 出て行け！爆発するぞ・・
SUSANNA Scoppia!...	スザンナ 爆発すれば？
A DUE E sarà quel che sarà!	二人 どうにでもなれ！

[Susanna corre a rinchiudersi, singhiozzando, nella stanza a dritta: Gil si lascia cadere, il capo tra le mani, su una poltrona. Dal fondo compare Sante, che guarda, comicamente esterrefatto, la scena. Durante il seguente intermezzo, Sante sempre con comica precauzione perchè Gil non s'avveda di nulla, torna a rimetter ordine nella stanza. Intanto di tratto in tratto dei sussulti che fanno scuotere Sante. Messe a posto le cose, Sante s'allontana guardingo dal fondo ed esce]

スザンナは走って自分の部屋に戻り閉じこもる、時折すすり泣く声がする。ジルはお手上げ状態でその場にある肘掛け椅子に座り込む、舞台奥からサンテが現れ、ジルの大げさに愕然とした様子でそのありさまを見ている。間奏曲の間ではサンテが気づかないようにおかしい仕草をしつつ、再び散乱したものを正しい場所に戻しはじめる。時折ジルの体が勝手に揺れては、サンテは驚く。大体の物をもとの位置に戻せたら、サンテは用心深く舞台奥の扉から退場する。（オリジナルではジルはショックのあまり動けなくなっていると追記されている。）

(a)[gridando, formalizzato] 眉を細めて怒る、叫ぶ。
(b)[esasperato all'eccesso] 行き過ぎた怒りを見せる。
(c)[tra pianto e sdegno] 涙と屈辱で心はいっぱいになる。
(d)[mortificata, e piangente] 自尊心を傷つけられ、涙を流す。
(e)[＊piange forte] （＊さらに強く涙声で）
(f) [girando la scena, e fracassando forsennatamente quanto gli capita sotto gli occhi, tazze, guantiera, gingilli, libri ecc.] ジルは舞台を駆け巡り、猛烈な勢いで目に入るもののカップや手袋、暇つぶしで使っていたおもちゃ、本などを手当たりしだい投げつける。
(g)[con indignazione crescente] 焦りはさらに増してゆく。
(h) [rovesciando tavolo, poltrone e sedie] テーブル、肘掛け椅子（ロッキングチェア）、椅子を壊し始める。
(i)[Con un piede calcato su d'una sedia] 足でいすを踏み潰す。足の動作か下に物を投げつける
(j)[Fracassandola] 椅子を打ち砕く。
(k)[punta sempre più] にらみ合いはひどくなってゆく。
(l) <indicandogli la prima stanza a dritta> ジルはスザンナの部屋を指差しながら言う。

間奏曲

第1幕後半

[Compare Sante, che guarda, comicamente estermezzo, Sante sempre con comica precauzione perchè Gil non s'avveda di nulla, torna a rimetter ordine nella stanza. Intanto Gil rimane sempre immobile, pure avendo di tratto in tratto dei sussulti che fanno scuotere Sante. Messe a posto le cose, Sante s' allontana guardingo dal fondo ed esce]

サンテが戻ってくる。面白おかしな衝撃的シーンを見て、サンテはジルが自分のことを見もしないので常に喜劇的に用心する。そして部屋の片付けを始める。ジルは動かないまま、じっとしている。ときどき、ジルは身震いをしてサンテを驚かす。サンテは散らかっていたものを元の場所に戻して、用心深く奥のほうへ行きジルから離れてゆく。

GIL
Coglierla debbo…Coglierla!(a)
(b)

ジル
うまく(証拠を)つかまえなくては‥

SUSANNA
Eccovi i vostri guanti…
il cappello…l'ombrello!
(*il cappello e l'ombrello!)
(c)

スザンナ
さぁ、あなたの手袋と‥
帽子‥後傘よ！

GIL
Perchè?

ジル
なぜだ？

SUSANNA
Non dovevate(d)
al circol degli amici andar stasera?

スザンナ
今夜あなたの友人たちとの
集会に行かなくていいの？

GIL
Tenete a farmi uscire.eh? (e)

ジル
私を追い出したいと言うのだな、え？

SUSANNA
Tengo all'opposto.

スザンナ
その反対よ。

GIL
Ma mi manda via! (g)
chiaro! Le dò fastidio.
Fingiamo! Tornerò.
Perchè l'ombrello?(h)

ジル
だが、私を追い出しているのだ！
分かったぞ、私が邪魔なのだな、
出て行くぞ、だがすぐ帰る！
なぜ、傘が必要なのだ？

SUSANNA
Minaccia pioggia…torbida è la sera.(i)
(j)

スザンナ
雨が降るのよ、夕方から崩れるのよ

GIL | ジル
Precisamente! avremo una bufera! | まさしく、我々は暴風雨そのものだ！
(k)

(a) [sordamente, verso la stanza di Susanna] | スザンナの部屋まで聞こえないように、こもった声で。
(b) [tornando dalla prima stanza a dritta, tutta umile, portando i guanti, il cappello e l'ombrello di Gil, verso il quale si avvicina, parlando lentamente] "Rabbonita" | スザンナは舞台右手の部屋から少し落ち着いた表情で戻ってくる。スザンナはジルの手袋と帽子、傘を持ってサロンへ戻ってジルに近づく、そしてゆっくり話す。"おとなしくなった"
(c) [scosso, ed alzandosi, senza guardala in viso] | スザンナの顔も見ずに、ジルはショックを受け、立ち上がる。
(d) [Lento] | ゆっくりと。
(e) [a denti stretti] | 皮肉な言い方でスザンナに言い返す。
(f) [Timidamente] | 少し照れながら話す。
(g) [Da sè sempre fremente] | 独白で常に震えながら。
(h) [Ha frattanto calzato i guanti, e messosi il cappello in testa. Susanna gli porge l'ombrello] | いそいで手袋をつけ、帽子を頭にかぶり、スザンナは傘を手渡す。
(i) [indicando verso la finestra] | 窓の方を指差して・・。
(j) [marcando la frase, tra ironico e feroce] | 荒々しく、いやみな気持ちをこめて、台詞を際立たせながら。
(k) [fa per andar via dal fondo] | 奥の扉から出てゆこうとする。

(a)
SUSANNA | スザンナ
Via! cosi non mi lasciate! | こんなふうに私をおいて行かないで、
piansi tanto sola, sola! | 一人で、たった一人で涙を流すなんて！
ed aspetto mi volgiate | 待つのならあなたが私を
uno sguardo, una parola. | 優しい眼差しで見てくれて、
me l'aspetto, li vedete, | 私に優しい言葉をかけてくれると待っていますわ、
 (＊Me l'aspetto, lo vedete)
da pentita, quel'io sono, | そして私がどんなに後悔しているか見てください

come segno del perdono,
Che accordar vi prego a me.
So che buono il core avete,

E cangiato il cor non è!(b)

GIL
Ah! che vocina dolce!

SUSANNA
Se v'offesi non volendo,(c)
se il mio torto assai vi spiace
smetterò! l'impegno prendo,
ma facciamo, via la pace.
sono sempre la meschina.
vostra sposa, che v'adora,
che d'un bacio solo implora.
(＊che d'un bacio adesso implora)
la dolcissima mercè!
Son la vostra Susannina,
che cattiva poi non è!

GIL
Ah! che vocina dolce!(d)
　(＊Ciel! che voce! che vocina!)
La malia ne dura in me!(e)

SUSANNA
Grazie! son paga. Ed ora
andate...e nel tornare
vogliate suonar forte!(g)
Da quella stanza il suon poco si sente.
GIL
Volete vi prevenga?(h)

こうやってどうしたら許していただけるか
合図してくれるのを期待していますのよ、
私はあなたが優しい心をお持ちだと知っていますわ、
そして今も変わらず愛しているという事も！

ジル
あぁ、なんて甘く可愛らしい声だろう！

スザンナ
もし私が望まない事をしてるならば、
その過ちがあなたにとって嫌な事ならば、
それはやめます！約束します。
だから仲直りしましょう。
私はいつもあなたのかわいそうな花嫁、
あなたを愛しています。だからお願い、
あなたの甘い慈悲の気持ちがあるなら

１度だけでもキスをして、
私はあなたのかわいいスザンナよ
悪さなんてしたことないわ！

あぁ、なんて甘い言葉だ、

私はこの誘惑に弱いのだ

スザンナ
ありがとう！少し落ち着いたわ、
さぁ行って、帰ってくるときは
強く呼び鈴を鳴らしてね、
私の部屋は音がよく届かないから
ジル
私が帰ってきたことを知りたいのだな？

SUSANNA
Certamente.（＊Certamente?）(i)
Ma perchè, amico mio.
di quelle occhiate ancor?
(j)
GIL
Susanna…addio!(k)

(a)[impedendo dolcemente uscisa a Gil che s'arresta] Che implora la dolcissima mercè d'un bacio soltanto
(b)[siede, vinto da emozione, poggiando l'ombrello sul tavolo]
(c)[sempre con grazia e tenerezza insinuante]
(d) [da sè, disarmato suo malgrado]
(e) [S'alza e dopo certa pausa d'imbarazzante contrasto d'affetti, si decide a baciar sulla fronte Susanna]
(f)[rianimandosi]
(g) [indicando la prima stanza a dritta] "Da quella stanza"
(h)[di nuovo fremente]
(i) [Guardando Gil, rincresciuta] "Ma perche`"
(j)[Come per voler dir molto, e infine calcandosi il cappello sul capo]
(k)[esce per il fondo]
　(a)
SUSANNA
Che palpiti, che palpiti!
Oh la terribil cosa una passione,
quando più a dominarla non riesce,
nè voler, nè ragione!
E cosa anche peggiore…amarlo tanto,
fra noi due non esistere segreti…

スザンナ
もちろんよ、でもなぜ
親愛なるジル、
またあの目をしているの？

ジル
スザンナ、さようなら！

捕まえたジルの外出を優しく妨げながら唯一のキスという甘美な報酬を求めている。
ジルは傘をテーブルの上に置きながら心打たれ感動して座る。
常に甘く切なく、愛情をこめて言う。
独白、不本意ながらも戦意を落とす。
しばらく感情の混乱に戸惑いながらも立ち上がり、スザンナの額にキスをすることを決める。
元気を取り戻しながら。
舞台右手にある部屋を指しながら"あの部屋から"
また苛立ち始めて。
ジルを見つめながら残念に思う。"でもなぜ"
なにかまた酷い事を言おうと思い止まって、帽子を地面にたたきつけて踏む
舞台奥の扉から出てゆく。

スザンナ
どきどきしたわ、
感情とは恐ろしいものだわ、
意思も理性も
感情を支配できなくなるなんて
もっと悪い事に彼のことを愛しているわ、
私たち二人の間に秘密なんてないけど、

e celarne frattanto uno per lui!
（＊Quante menzogne, poi, di che arrossisco,son del segreto mio la conseguenza）
Ah! giustamente è nelle furie andato.
Ma come far? Non posso
che raddoppiar di garbo e di prudenza!

(b)
Bravo Sancio, Chiudiam tutte le porte.
(c)
Ecco il mio vizietto
profumato,
causa di tanti strepiti!
Ed ei l'odia! Peccato!

(a)[Essendosi fatta sera, accende una lampada con elegante paralume]
(b)[Sante entra cautamente misterioso dal fondo]
(c) [Sante eseguisce accuratamente, dopo di che le consegna l'involtino ricevuto nella prima scena, ed essa ne cava un sigaretta]
(d)[Siede. Sante le porge dei fiammiferi, che cava di tasca, ed essa accende con uno di quelli la sigaretta, cominciando a fumare saporitamente. Sante tabacca, e i due, deliziandosi, si sorridono vicendevolmente.·Si picchia a più riprese alla porta di fondo]

SUSANNA
Chi è là?(a)

私に一つだけ彼に黙っている秘密がある。
（＊顔が赤くなるほどの沢山のウソ、それは秘密の成り行きよ）

でも彼は怒って出て行ってしまったわ、いったいどうしたらよいのかしら？
さらに用心深く上品に振舞うなんて無理だわ。

さすがサンテね、扉を全てしっかり閉めて

これこそ私の
香しき、かわいい悪徳よ、
あの大騒ぎの原因！
彼は嫌いなのね！残念ね！

もうすっかり暗くなる、スザンナは豪華な傘ランプの明かりを灯す。
サンテが用心深く、意味ありげな雰囲気を持って奥の扉から入ってくる。
サンテは注意深くスザンナの言うことを聞き、扉をしっかり閉めてから、一幕一場で受け取った紙に包まれたものを渡す、そして中からタバコが1本出てくる。
スザンナはタバコを嗅ぐとソファに座る、サンテはポケットからマッチを取り出し差し出す、そしてスザンナはマッチの中の一本でタバコに火をつける、スザンナはタバコを美味しそうに楽しみ始める。サンテもかぎタバコをやり始め、二人はうっとりする。二人はお互いに微笑む、すると、奥の扉を強くたたく音が聞こえる。

スザンナ
どなたかしら？

Il segreto di Susanna

GIL	ジル
Son io, Susanna!	私だ、スザンナ！
SUSANNA	スザンナ
Mio marito!	私の夫よ！
GIL	ジル
Apri!(c)	開けなさい
(d)	
SUSANNA	スザンナ
Dove la celo?(e)	どこへ隠したらいいかしら？
SUSANNA	スザンナ
Qui!(＊Lui!)	ここです！（＊［サンテに］彼よ！）
Tu, là!(f)	あなたはあっち！
(g)	
GIL	ジル
Ma che fate?	何をしているのだ？
SUSANNA	スザンナ
Apro! Apro!	開けます！開けます！
Cielo!(6)[Da sè](h)	[独白]神様
(i)	
GIL	ジル
L'indugio frapposto..	扉を開けるまでの時間
De'passi di corsa..	走り回る音、
più acuto l'odore..	かなり強い匂い、
è qua il fumatore!	喫煙者だ、
Da vil, s'è nascosto.	その臆病者は隠れている、
inutil risorsa!	何をしても無駄だ、
Scovarlo, trovarlo,	やつを探し出し、見つけ出し、
schiacciarlo saprò.(j)	メッタメタにつぶしてやる
（＊Non c'è!)	（＊いない！）
SUSANNA	スザンナ
Ma che avete?	まぁ、いったいどうしたのですか？
Che cosa v'affanna?	何があなたを苦しめていますの？
(k)	
GIL	ジル
Non c'è!	いない！
(#SUSANNA; Che?)	（#スザンナ；なにが？）

— 27 —

(#GIL; Non c'è!) （#ジル；いない！）

SUSANNA
Che cosa?（＊Ma che cosa?）

スザンナ
でもなにが？

GIL
Tacete, tacete!

ジル
だまれ、だまれ！

SUSANNA
Ahimè!

スザンナ
あぁ！

GIL
O casta Susanna
(n)
Ehi! Sante! Balordo!
Qui dico! Poltrone! Sei sordo?
（＊Qui dico! sei sordo?）

ジル
なんて貞節なスザンナだ！

おい！サンテ！のろま！
このやろう！怠け者！耳が悪いのか？

SUSANNA
Non m'ode,
E più s'altera…
qual grillo lo tenta?
Pel fumo? Ma no!
(o)
(p)

スザンナ
サンテは何も聞いていないわ、
そんなに興奮なさって・・
彼のせいでそんなに酔狂していますの？
タバコのこと？それは勘違いですわ！

GIL
Cogliam l'inimico!
è in casa, deluderci
adesso non può
 （＊più adesso non può）

ジル
忌まわしいやつを捕まえるぞ！
家の中だ、
もう欺かれないぞ

SUSANNA
Che?

スザンナ
何ですって？

GIL
Esplora sollecito
solajo e cantina,

ジル
しっかりとすばやく探すのだ
屋根裏部屋と地下室だ

SUSANNA
Eh?

スザンナ
えっ？

GIL
e tetti e comignoli,
dispensa e cucina.
Non buco, non angolo

ジル
そして屋根の上も煙突の中も、
食器部屋にキッチンも、
くまなく穴から隅まで

sfuggire ti dè!	見逃してはならないぞ、
Va! Va!	行け、行け、
Scovare si dè!	必ず探し出せ！

SUSANNA　　　　　　　　　　　　スザンナ
Ma Gil!（＊Ma Gil! Io...）　　　　でも、ジル！
(r)

GIL　　　　　　　　　　　　　　　ジル
Non c'è!　　　　　　　　　　　　　いない！
(s)

SUSANNA　　　　　　　　　　　　スザンナ
Ma che?　　　　　　　　　　　　　なにが？
(t)

GIL　　　　　　　　　　　　　　　ジル
Non c'è!　　　　　　　　　　　　　いない！

SUSANNA　　　　　　　　　　　　スザンナ
Ma che?　　　　　　　　　　　　　なにが？
　(u)

GIL　　　　　　　　　　　　　　　ジル
（＊Pur troppo,non c'è)　　　　　　（＊残念ながらいない）
Costei mi derise,　　　　　　　　　彼女は私を笑っている、
in salvo lo mise,　　　　　　　　　 男を匿っているのだ、
invano mi logoro...　　　　　　　　無駄に力尽きた・・
Non c'è! no! Non c'è!　　　　　　　いない、いないぞ！

SUSANNA　　　　　　　　　　　　 スザンナ
Ma infin, che cercate?　　　　　　　でも、いったい何をお探しですの？
（＊infin, che cercate?)

GIL　　　　　　　　　　　　　　　ジル
Che cerco? (v)　　　　　　　　　　何をって？
L'ombrello!　　　　　　　　　　　 傘だよ！

SUSANNA　　　　　　　　　　　　スザンナ
Col vostro cappello　　　　　　　　あなたの帽子と一緒に
portato l'ho qui.　　　　　　　　　 ここへ持ってきましたわ

GIL　　　　　　　　　　　　　　　ジル
Ah, si!　　　　　　　　　　　　　 あぁそうだな！

SUSANNA　　　　　　　　　　　　スザンナ
Ricordate?(w)　　　　　　　　　　覚えていますの？
Ma eccolo!　　　　　　　　　　　ほらあそこ！
GIL　　　　　　　　　　　　　　　ジル
Chi!?(x)　　　　　　　　　　　　誰だ！？
SUSANNA　　　　　　　　　　　　スザンナ
L'ombrello.(y)　　　　　　　　　　傘よ。
(z)
GIL　　　　　　　　　　　　　　　ジル
Ah brigante!　　　　　　　　　　あぁ、盗賊め、
Furfante! Birbone!　　　　　　　　悪党め、ペテン師め、
Cialtrone! Buffone!　　　　　　　ならず者め、尻軽め！
(aa)
GIL　　　　　　　　　　　　　　　ジル
Addio! Me ne vò!　　　　　　　　さようなら、私は出てゆく！
　[Da sè］
Ma guai, tra un istante...　　　　ただじゃおかないぞ！すぐに・・・

SUSANNA　　　　　　　　　　　　スザンナ
Che mai?(＊Addio! Tranquillatevi!)　でもなぜ？（＊さよなら落ち着いてね）
[Da sè]
(#GIL; O casta Susanna,)　　　　（#ジル；スザンナ見ていろよ）
GIL　　　　　　　　　　　　　　　ジル
ritorno farò..　　　　　　　　　　すぐに帰ってきて、
e allor...coglierlò!　　　　　　　その隙に捕まえて見せるからな
Ah! Ah!　　　　　　　　　　　　あっははは
(dd)

(a)[alzandosi sorpresa e sgomenta]　びっくりして立ち上がり、狼狽する。
(b)[di dentro,picchiando]　　　　　家の中に、ノックを続ける。
(c)[Come prima]　　　　　　　　　(b)と同じく。
(d)[Confusa all'eccesso]　　　　　過度に混乱する
(e)[intascacando la sigaretta, e　　ポケットにタバコと紙の巻いた束をしまい
l'involtino, decise ad un tratto]　こみ、次の証拠隠滅に走る。

Il segreto di Susanna

(f)[indicando le tendine della finestra a sinistra a Sante, che corre a nascondervisi, anch'esso grandemente imbarazzato]	舞台左手の窓にあるカーテンをサンテに指差し、サンテは慌てて走って窓のほうへ行き、隠しそびれたテーブルの上のタバコなどを隠しに行く。
(g)[sempre come prima]	さらにノックを続けて。
(h)[Da sè, trepidente, e andando ad aprir la porta in fondo]	独白 不安げに舞台奥の扉を開けに行く、
(i)[entrando, furente e guardando, e fiutando intorno, da sè]	ジルはサロンへ入る、激怒して周りを見渡して、周辺のにおいを嗅ぎながら独白。
(j)[Corre nelle stanze a dritta una dopo l'altra]	ジルは舞台右手にある部屋に急いで行き、そして後から別の部屋も行く。
(k)[torna deluso]	がっかりして帰ってくる。
(n)[picchiando col pugno sul tavolo, e gridando]	自分の拳をテーブルにたたきつけながら、大声で怒鳴る
(o)[Sante, che ha lasciato di furto il suo nascondiglio, finge accorrere dal fondo. Gil lo strapazza]	サンテは隠れていた場所からそっと逃げ出そうとするが、奥のほうへ駆け出そうとしてジルに捕まる。
(p)[scotendo per un braccio Sante]	ジルはサンテの腕を振り落とす。
(r)[Sante, incitato da Gil, accende il candelliere ch'è sul tavolo ed esce dal fondo]	サンテはジルにそそのかされ、テーブル上のキャンドルに灯をともす、そして奥の扉から出てゆく。
	torna]
	ジルは舞台左手の書斎へ走ってゆき、戻ってくる。
(s)[corre nella stanza a sinistra: poi	
(t)[rovista precipitosamente in tutta la scena]	ジルはなお、くまなく舞台上を大急ぎで探し回る。
(u)[cerca nelle tendine della finestra, sotto il tavolo, dovunque]	ジルは舞台奥の窓際にある窓掛けの内側部分、テーブルの下、あらゆる所を探す。
(v)[fissandola con comica ferocia, ma reprimendosi]	彼女を喜劇的で残忍な目で見つめ、ぐっと我慢しながら。
(w)[additando l'ombrello sul tavolo]	テーブルの上の傘を指差しながら。
(x)[furibondo]	逆上して。
(y)[ingenua e placida] (*porgendoglielo)	悪気なく平静に応える。(*それを差し出す)
(z)[altrattando convulsamente l'ombrello]	傘を激しく、手荒に持ちあげて。
(aa)[spezzandolo in due]	傘を真二つに折る。

(dd)[esce frettoloso pel fondo,
coll'ombrello rotto gesticolando]

ジルは舞台の奥からいそいそと壊れた傘を
手に持ったまま、外へ出てゆく。

SUSANNA
Gil..Ah!
Respiro! è andato.
 (＊ Stavo su le spine)
Che paura mi fece,
Mio Dio! Con quell'ombrello!(a)
L'ombrel! Strambo all'eccesso
divenne mio marito..
E chi sa che gli rumina pel capo?
Ma libera alla fine
posso, come anelavo,
dedicarmi al mio svago favorito!(b)

スザンナ
ジル・・、あぁ、
彼が行って、休めるわ、
　（＊危なかったわ）
なんて恐ろしいの
神様、あの傘と一緒に！
傘！それにしても様子がおかしかったわ、
私の夫があんなふうに・・
誰かがわかる人がいるかしら？
でもついに自由だわ、
待ち望んでいた事をしてもいいかしら、
私の大事なお気に入りの息抜きよ。

Oh gioia, la nube leggera
con gli occhi socchiusi seguire,
che ascende con cerule spire,
ascende più tenue d'un vel,
E sembra dorata chimera
vanente nel limpido ciel!
Sottile vapor, mi carezza,
Mi culla, sognare mi fa!
Libare con lenta dolcezza
Io vò la tua voluttà!
 (＊；Io voglio la tua voluttà)
In quelle spire cerule
vedo vagar perfino
un'amorosa imagine,
quella del mio sposino!
Ma più gentil, più tenera,
leggiadra più mi par...
Da i suoi profili eterei
mi sento affascinar!
(c)

おぉ、なんて幸せなの、
この目を細めて見る、
空色のらせんを作りながら立ち上る煙
微かな煙が立ち、ヴェールより軽やかな煙
まるで美しく透き通った、
空一杯に広がる金色の幻想のようだわ
細やかな煙は私を撫でてくれ
心を癒してくれ、夢見心地にしてくれる。
おまえをゆっくり優しく味わって、
おまえの喜びを得たいわ、

この空色の螺旋を作りながら
漂う煙を眺めている、
おまえは愛の幻想のよう、
それは私の夫のよう！
でももっと優しく、愛情のある
魅力的でもっと価値があるのよ。
私はそんな素晴らしい天性を持った彼を
好きでたまらないのよ

(a)[pensosa] (b)[Cava di tasca la sigaretta che vi nascose, la accende, poi siede su una poltrona a dondolo, e fuma soddisfatta e contenta] (c)[Fumando e assorta nel suo fantasticare, quasi s'assopisce. Frattanto la lampada, consunta, va spagnendosi]	物思いにふけって ポケットの中に隠していた吸いかけのタバコを取り出し、火をつける。そして肘掛のあるロッキングチェアに座り、満足そうに、そして幸せそうにタバコを吸う。 スザンナはタバコを吸いながら幻想的な世界へまどろむ。その間にランプが消耗し、消えてゆく。
GIL Ti colgo questa volta! (b)	ジル ついに捕まえたぞ！
SUSANNA Ah! Gil! (c)	スザンナ あぁ、ジル
GIL Dov'è l'infame?...	ジル どこだ！悪党は？
SUSANNA Chi?	スザンナ だれのこと？
GIL (e) Quei che nascondete assente me! Disdetta! Mi sono scottato! Perfida! Cosa nascondi là? (f)	ジル そこに何か隠しているな 私の留守に！ 熱い！ 何てことだ、火傷をしたぞ そこに何を隠しているのだ？
SUSANNA La...sigaretta!	スザンナ タ・・タバコよ！
GIL (g) Tu fumavi?	ジル 君はタバコを吸っていたのか？
SUSANNA Perdono!(h) (＊Perdonami! a comprarne per non indurre Sante a farsi reo lui pure, andavo io stessa...)	スザンナ 許して！ （＊許してください、サンテの悪知恵で誘われてタバコを買ったのではないわ、彼も、私自身も買いに行っていた・・）

GIL / ジル

(i) Angelo mio! / 私の天使!
Tu a me perdona invece! / 反対に私が君に謝るのだ!
Ero..ahimè...si...geloso! / 私は・・何て事・・そう、やきもちを妬いたのだ!

(j)
(k)

SUSANNA / スザンナ

Geloso? Del mio fumo?Ah! Ah! Ah! Ah! / 妬いた?私の煙に?あっははは!
Perdoniamoci a gara! / お互い様と言うことにしましょう!
Ma più non fumerò.. / でももうタバコは吸わないわ・・
se tu non vuoi.. / もしあなたが望まないなら・・
Sol l'amor tuo mi preme! / 私はあなたへの愛が大切です!

GIL / ジル

No! Fumeremo insieme! / いや、一緒に吸おう!

SUSANNA / スザンナ

Ah! Prendi!(m) / あぁどうぞ受け取って!

GIL / ジル

Anche un'altra? / もう一本あるかい?

SUSANNA / スザンナ

Quella...di domani!(n) / これは・・明日の分

GIL / ジル

(o) Birichina! / いたずらっ子め!

SUSANNA / スザンナ

(o) Caro sposo! / 素敵な旦那様、
Fumerai? / 嗜みますか?

GIL / ジル

Mi proverò!(p) / 試してみよう!

SUSANNA / スザンナ

Mi farai / もうこれ以上
mai più il geloso? / 嫉妬なさらないでね?
(＊mi farete più geloso?)

Il segreto di Susanna

GIL	ジル
No, mia cara, fumerò!(q)	妬かないよ、愛している、吸ってみよう！
INSIEME	二人で
Tutto è fumo a questo mondo,	世の中の煙は
che col vento si dilegua,	風と共に消し去ってしまうが、
Ma l'amor, sincer, profondo,	誠実で、深い愛だけは
fuma, fuma, senza tregua!	煙のように漂い、燃え続けるのだ（よ）
(r)	
(s)	
SUSANNA	スザンナ
Ma, nella foga, ve'	まぁ意気込みすぎて
dell'allegria,	はしゃぎすぎたのね、
La mia s'è spenta!	見て、私のタバコが消えちゃったわ！
(t)	
(u)	
GIL	ジル
E vedi, anche la mia.	見てごらん、私のも消えてしまったよ。
(v)	
(w)	
(x)	
SANTE	サンテ
Ffff...	ふぅ・・
(y)(z)	
(a)[comparendo dalla finestra, l'ombrello in pugno]	舞台奥の窓から急に姿を現す。手には傘を握り締めている。
(b)[alzandosi spaventata in fretta, e nascondendo dietro le spalle la mano con la sigaretta]	スザンナはびっくりして慌てる、とっさにタバコを後ろに組んだ手の中に隠す。
(c)[Precipitandosi giù nella stanza]	ジルはすごい速さで窓枠からサロンへ。
(d)[Qui la lampada si spegne affatto]	ここでランプの灯が急に消える。
(e)[proseguendo]	舞台前方へ寄っていきながら、

(e)[Nel ghermirle con forza la mano che essa nasconde si scotta](*Grida!)	ジルはスザンナの手を強く引っ張ろうとすると、後ろで隠していたタバコに触れ火傷をする。（＊叫ぶ）
(f)[tutta tremante mostrando la sigaretta]	スザンナ、震えながらタバコをジルに見せる。
(g)[inebitito] (*colpito al massimo grado)	物も言えないほど驚く。（＊最大の喜びが彼にやってくる）
(h)[cadendo in ginocchio]	スザンナは倒れこんで、ひざまずきながら言う。
(*Perdonami! a comprarne per non indurre Sante a farsi reo lui pure, andavo io stessa...)	(＊許してください、でもサンテの悪知恵のせいで私が誘われてタバコを買ったのではないわ、彼も、私自身も買いに行っていた・・)
(i)[anch'egli cade in ginocchio]	ジルもひざまずきながら、
(j)[chinando il capo]	頭を下げながら告白する。
(k)[maliziosamente ridendo seduto per terra]	スザンナは抜け目なく笑い転び、床に座り込む。
(l)[con viva gioia]	生き生きと喜びながら。
(m)[dandogli una sigaretta] (*Insiem? Pel gran piacere, Ti batterei le mani! Prendi!) (*cava l' involtino di tasca, e ne trae una sigaretta, che offre graziosamente a Gil)	彼にたばこを一本与える（＊一緒に？なんて喜ばしいことでしょう！良い考えだわ、どうぞ！）（＊スザンナはポケットから巻紙を取り出し中から1本のタバコを愛情こめてジルに渡す）
(n)[Accende la sigaretta di Gil colla propria, bocca a bocca] (*porge un zolfanello a Gil, che accende la sua sigaretta, offrendo a Susanna di accendere quella di lei al fuoco della sua)	ジルの分のタバコもスザンナが口でくわえて火をつける。（＊スザンナがジルにマッチを手渡し彼女のタバコに灯をともす、スザンナはジルのタバコに灯をともす）
(o)[alzandosi]	立ち上がって。
(p)[con grazia un po'ironica]	そして愛情をこめて少し皮肉に、
(q)Tenendosi per mano e tenendo nell'altra la sigaretta.	片方の手はつなぎ、片方の手ではタバコを持って。
(r)[Colla sigaretta in bocca e tenendosi per ambe le mani si mettono a girare in tondo come due bambini]	2人は子供のようにはしゃぎ回り、タバコを口にくわえながら両手をしっかりと結び円を描くように踊る。

(s)interrompesi la danza　(*ridendo giulivamente)
(t)[indicando la sigaretta]
(u)[ridendo, e additando la sua]

(v)[restono incerti sul da farsi]（*il lume a petrolio s'è spento）
(w)[Ma qui, dal fondo, col candelliere acceso,rientra Sante. La scena all'entrar di Sante si rischiara tutta. Sante vede, capisce, ride; poi offre ai due la fiamma. Essi accettano e accendono la sigaretta. Susanna appoggia il capo sulla spalla si Gil. Egli le accenna la stanza a sinistra come chiedendole: Vuoi? Susanna dice di si col capo. Sante capisce e va precedendo i due ad aprir la portiera, poi s'inchina. Susanna e Gil escono. Sante accende una sigaretta per se e smorza la lume]

(x)[S'avanza allora dal fondo Sante, col candiere in mano, e sorridendo, accende le sigarette e fuma anche lui: li accompagna fino alla porta di sinistra, ne chiude le portiere e smorza il lume. Poi s'allontana colla sigaretta in bocca]

(y)[La scena s'oscura. Luce di luna dalla finestra. In quattro salti esce dal fondo in una nuvola di fumo.]

(z)[Tela presto sull'ultima battuta]

ダンスを中断して、(*陽気に笑いながら)
自分のタバコを指差しながら。
ジルは笑いながら、自分のタバコを指差して、
二人とも何もできず立ち尽くす(*ランプのオイルが切れてなくなる)
しかしここで舞台奥からサンテが火のついたキャンドルを手に登場。サンテは2人の様子を見て、理解して、笑う。そして2人の消えてしまったタバコに、状況を把握し、火をつける。スザンナはジルの肩に頭を乗せて、ジルは彼女に舞台左手にある書斎を指差しながら"行こうかい"と聞く、スザンナは頭でうなずき"はい"と答える。サンテは全てが分かったように、2人が書斎に入るために扉を開けて待っている。そして深くお辞儀をする。スザンナとジルは舞台から退場する。サンテはタバコを1本つけて、舞台が薄暗くなる。
サンテ舞台奥の扉から前へ出てくる、手にはロウソクを持っている。微笑みながら、二人の消えてしまったタバコに火をつける。そしてサンテもタバコを吸い始める。舞台左手の書斎へ二人を連れて行った後、扉を閉めて、明かりが徐々に暗くなってゆく。そしてサンテはタバコをくわえたまま舞台から退場してゆく。
舞台は薄暗く、月の光が窓から差し込んでいる。一筋のタバコの煙を雲状に残しながら舞台奥の扉から退場する。

最後の小節で素早く幕が閉じる。

参考資料

1, Ermanno, Wolf-Ferrari.Vocalscore Il Segreto di Susanna. Edited by Casa Musicale Sonzogno Milano copyright 1910 by Josef Weinberger Leipzig

2, Ermannno, Wolf-Ferrari.Vocalscore Susannens Geheimnis. Edited by Josef Weinberger Leipzig 1910 copyright 1909 by Josef Weinberger Leipzig

3, Ermannno, Wolf-Ferrari.partitura Il segreto di Susanna. Edited by Josef Weinberger London 2006 copyright 1907 by Josef Weinberger Limited, London

4, Enrico,Golisciani Libretto Il segreto di Susanna. Edited Casa Musicale Lorenzo Sonzogno Milano 1912 copyright 1911 by Josef Weinberger, Leipzig.

5, Enrico, Golisciani Libretto Il Segreto di Susanna. Edited Casa Musicale Sonzogno di Pietro Ostali Milano 1948. copyright 1911 by Josef Weinberger, Leipzig.

6, Enrico, Golisciani Libretto Suzanne's Secret. Edited G.Schirmer New york 2009. copyright 1911 by G.Schirmer.

対訳解説　インテルメッツォ≪スザンナの秘密≫
付録；ヴォルフ＝フェラーリ　オペラの世界
岡元敦司

著者紹介

岡元 敦司（おかもと あつし）

　国立音楽大学音楽学部首席卒業、東京藝術大学大学院修士課程修了、卒業時に矢田部賞、NTTドコモ賞受賞。
　皇居桃華楽堂にて御前演奏会に出演。8年間イタリア・ボローニャに在住、平成23年度文化庁新進芸術家海外派遣研修生としてボローニャ国立音楽院に留学。

「ヴォルフ＝フェラーリ　オペラの世界」

発　行　2019年7月30日　初版　第1刷

著　者　岡元　敦司
発行者　林下　英二
発行所　中西出版株式会社
　　　　〒007-0823　札幌市東区東雁来3条1丁目1-34
　　　　TEL：011-785-0737　　FAX：011-781-7516
印刷所　中西印刷株式会社
製本所　石田製本株式会社

落丁・乱丁はお取替えいたします。
©Atushi Okamoto2019, Printed in Japan